あそびのポッケ

写真たっぷり！

0・1・2歳児の運動あそび

小倉和人／著

ひかりのくに

はじめに

「乳児の運動あそびってどうすればいいのだろう？」「そもそも乳児クラスに運動あそびは必要なのか？」そう感じる方もいらっしゃると思います。“運動”と名が付くと、ついマット・とび箱・鉄棒と思い浮かべますが、そうではありません。ごくごく身近な、しかも生活に密着したあそびで良いのです。
本書で紹介している手作り玩具や遊びの道具はどれも身近にあり、すぐに入手できるものばかりです。基本的な作り方を記載しているので一度作ってみて、装飾をしても OK、作り方を工夫しても OK です。クラスの子どもの姿や月齢に合ったものを環境構成の一部として準備しても良いでしょう。

また、体を動かして遊べる粗大運動なども乳児クラスでは必要なあそびです。ハイハイ、膝の上げ下げなど、これから成長していく上で必ず必要な動きです。あそぶとき、先を急ぐ必要はありません。じっくり、ゆっくりと一人ひとりに合ったあそびを行なう中で、子どもは楽しいな・面白いなと進んで遊び、興味をもったあそびに出会うと、何度も同じことを繰り返します。繰り返しできる環境を保育室や園庭、ホールなどに準備することも大切です。

この時期、特定の保育者と深く関わることで情緒の安定を図り、安心して機嫌よく過ごすことはもちろん大切です。その中にあそびの工夫、展開、それに仕掛けがあると、もっと活発に、笑顔がたくさん生まれながら過ごすことができると思います。だからこそ、生活に密着したあそびなのです。

本書のあそびをじっくり、繰り返し取り組んでみましょう。

小倉和人

本書の特長・見方

0・1・2歳児の運動あそびがわかる ポイント5

ポイント1 写真がいっぱい!

写真で子どもの姿がよく分かるのは、園で本当に実践しているから。実践してみたときのコメントは保育者目線で共感間違いなし。

ポイント2 育ちが分かる!

そのあそびの中で、子どもたちが何を学んでいるのか、どこが育っているのか分かります。

第1章 微細運動

0歳児

0 1 2

触れば触るほどいろんな動きに!

くるくるずりずり

遊びを通して

十分につかまり立ちや伝い歩きをする

準備物

ペーパー芯3個、色紙(赤、黄、緑、青などはっきりした色)、少し太めのひも(綿ロープ　など)、吸盤2個

- ペーパー芯に色紙を巻く。…Ⓐ
- Ⓐにひもを通し、両端を窓や壁などに付けた吸盤に結び付ける。

※ひもはピンと張りましょう。

ペーパー芯に興味をもって遊ぶ

ペーパー芯をつかんで放す、移動させる、回すなど、いろいろな関わり方を楽しんでみましょう。

いろいろな色のペーパー芯を興味津々で触っていました! 保育者が横に移動させて見せると、うれしそうに笑って、自分で動かそうとしていました。

遊んでみました!

なるほど解説

月齢に合わせた動きで安心して遊ぶ

つかまり立ちや伝い歩きができるようになってきた子どもにピッタリの遊びです。つかむ、離す、回すなどの動きを組み合わせ、興味・関心をもち、安心して過ごせるようにしていきましょう。

あそびのコツ

子どもの目線より少し上に取り付けます。

展開のカギ

ひもの長さや吸盤の位置を変えたり、ペーパー芯を増やしたりしてみましょう。

くるくるずりずり

20

ポイント3 あそびたくさん

微細・粗大・感覚など、乳児期の育ちを支える大事なあそびがたくさん詰まっています。更に、この時期から育てたい体幹に効果的なあそびも大集合!

ポイント5 あそびを広げられる!

どのあそびにも、展開のヒントつき。興味をもった子どもたちがどんどん遊び込めます!

ポイント4 どうしてこのあそび?が分かる!

すべての遊びに解説つき。日々の保育の中で、意識したいことも分かります。

もくじ

第2章 粗大運動 ･･････････････････ 57

第3章　体幹・バランスあそび ……107

第4章　感触・感覚あそび ……133

序章

うんどうあそび はじめのポイント

0・1・2歳児のこの時期に大切にしたいこと

乳児クラスになったけど、
子どもたちには
何が大事なのかな…？
そうだ！
同じクラスの先輩に
聞いてみよう！
そうね…
私たち、保育者に見守られながら、
安心して過ごすことだよ！
そして、
安心して過ごすために、
環境を整えていくことが大事！
なるほど、「見守り」ですね。
発達は何となく気にしながら見守っているんですが、
ほかに何か気を付けた方がいいことはありますか？
そうね。
子どもの興味・関心は何なのか、
この2つの場面を大切にして
見ておくといいわよ。
「この運動は子どもの発達にとって、
（例えば歩く、走ることを促すなど）
良いものだ」と認識して保育を
する場面
子ども一人ひとりの活動を見守りながら
「○○くん、このあそびをしたら
転ぶことが少し減るかな」と考えて
取り組む場面
分かりました！
確かに、この時期の子どもたちって、
同じくらいの月齢でも、育ちも違いますし、
何が好きかも全然違いますよね〜。
そう、
だからバリエーションを
幾つか準備しておくと
いいよね。

乳児期に運動あそび、そして日々の保育を行なっていく中で、欠かせないのは安心して過ごすこと。他にも、大切な視点はいっぱい。
会話の中から見てみましょう。

それから、環境面であそびを準備し
子どもの様子を見守りながら援助していくこと、
子どもの姿を見て取り組むあそびを進めていくことの
二つを意識してみましょう。
後日…
疲れた…
一人ひとりに合った取り組みや
過ごし方とか、私一人じゃ考えられない…
安心して！
乳児クラスは複数担任だよね。
同僚との
ディスカッションで
深めていこうよ！
そして…
なるほど〜。
B ちゃんってこんな感じなんですね。
そうだね。
指先の活動（微細運動）と
全身を動かす活動（粗大運動）の
めりはりを意識してみようか！
というわけで、
本書で書かれている
あそびでの育ちを目安に
取り組んでみましょう！

0・1・2歳児の育ちと遊び

それぞれの発達ごとに、子どもの育ちと、それに適した遊びを見てみましょう。

0歳

ごろごろ

POINT
装飾など、色合いも分かりやすい色遣いにすると更に興味を示します。

● 手を伸ばす

ベッドで寝ている子どもでも手を伸ばして触ったりつかもうとしたりする動きを促すことで興味・関心をもったり微細運動を繰り返したりするようになります。

例 P20「くるくるズリズリ」

● 指先を動かす

この時期は、寝返り（腹ばいの状態）をしたときにも運動あそびができるようにしたいものです。手先の感覚あそびなどは、あそびの中で指先をたくさん動かし脳に刺激を与えることができます。

例 P134「ぷにょ〜ん」

はいはい

● 歩く・走るへ向かう活動

はいはいをすることは、この時期の子どもにとってとても大切な運動の一つと言えるでしょう。ひざと手を前に交互に出していく運動は、歩く・走るといった運動につながりを見せます。子どもが好奇心を持って取り組める環境を整えることが大切です。

例 P62「サクサクはいはい」　P64「トンネル山」

POINT
時間がなければマットの下にとび箱を置いて小さなお山を作ります。これだけでも十分です。繰り返し遊んでみましょう。

たっち

●壁や窓際の活用

壁や窓際を環境構成の一部として活用してみましょう。興味を引くものを設定することは、おすわりからたっち時期の子どもにとってとても効果的です。おすわりをしたままできる、たっちのままできるというような高さを、ほぼクラスの子どもの姿に設定しましょう。そうすると繰り返し遊ぶことができます。

例 P24「タオルしゅ〜っ」

●立ったりしゃがんだり

立ったり座ったりをなじみの歌遊びや手作り玩具を用いた遊びの中で取り入れてみましょう。しぜんに立つ、座るなどの姿勢も身についていきます。

例 P59「どっちむいてホイ !?」

POINT

子どもが目標まで歩いていく、周りの保育者が励ます言葉を掛けたり、できたときの喜びを共に共感できたりするような遊びへと進めることができればいいですね。

よちよち

●目標に向かって歩く

よちよちと言っても個々の差があります。ここでは♪あんよは上手というように励まされたり、目標に向かって歩くという動きや活動を促してあげたりするといいでしょう。

例 P61「バトンでヨイショ」

バトンを持ってカラー標識まで歩いていき、差し込む遊びです。バトンの色とカラー標識の色が同じにならなければいけないということはありません。歩くことを大切にしましょう。

1歳

1歳前半

●複雑な手の動き

この時期になると、0歳児のときよりも少し複雑な手の動かし方で遊べるようになってきます。初めはキャップをはめる、ひねるなど繰り返し遊び、深めていくといいでしょう。好奇心を持って取り組めることが何よりも大切です。

例 P42「くるくるギュッ!」

POINT

保育者は、全身を使って夢中になれる遊びを子どもたちと楽しむことも必要になってきます。一緒に体を動かしましょう!

1歳後半

●粗大運動が大好き

この頃になってくると、粗大運動が大好きになってきます。0歳児の頃のように、マットの上ではいはいしたり、歩いたりと大好きな所に行って繰り返し遊ぶようになるため、そういう動きができるよう工夫をして環境を作ることも大切です。

また、ダイナミックな遊びも好むようになります。場所や道具をうまく使って取り組めるようにしていきましょう。

例 P75「ガ・ガ・ガッ!」

2歳

2歳前半

● 体幹やバランスを感じる

腹筋や背筋を使った遊び、バランス感覚を楽しむ遊びなど、体幹やバランスをあそびの中で経験していくことが大切になってきます。園生活においてや、大きくになるにつれて役立つことばかりですが、まずはケガをしない重要性を意識できると良いでしょう。すぐに転んでしまう、ケガが多いといったような問題があれば、遊んでいる中で体のバランスなどを促していくことが必要です。保育者はこの点を踏まえて0・1歳児のあそびを振り返りながら取り組みましょう。

例 P122「フープでぎっちらこ」 P123「バランスおっとっと!?」

POINT

みんなで一緒に、と言うと一斉活動への疑問をもつ人もいるかもしれません。しかし、その中に工夫があり、子どもが自分から進んで取り組める場所があることを大切にしましょう。楽しい雰囲気の中でみんなと楽しめる時間をつくりましょう。

2歳後半

● みんなで楽しむ

この時期では、みんなで一緒に楽しむ遊びも大好きになってきます。なじみのある曲や歌を聞いてあそび始め、簡単なルールを理解しようとする姿もあるといいですね。

例 P104「いろいろスタート」

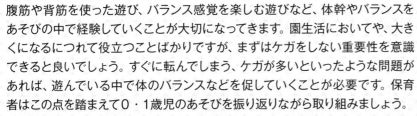

● サーキットにも意欲的に

簡単なサーキットあそびなども意欲的に取り組んでいきます。友達の姿を見ながら昇降運動や、ジャンプ、よじ上ったり下りたりと、汗をたくさんかいても十分すぎるぐらい動いても生き生きとした表情をします。あそびが子どもに合っていて、楽しいからです。このような子どもの取り組みを考え工夫していくことを心掛けましょう。

例 P120「よいしょ、よいしょ。」
P124「積み木をドンドン」などと組み合わせる。

サーキット遊びを楽しもう！

0歳

壁際であそぶ

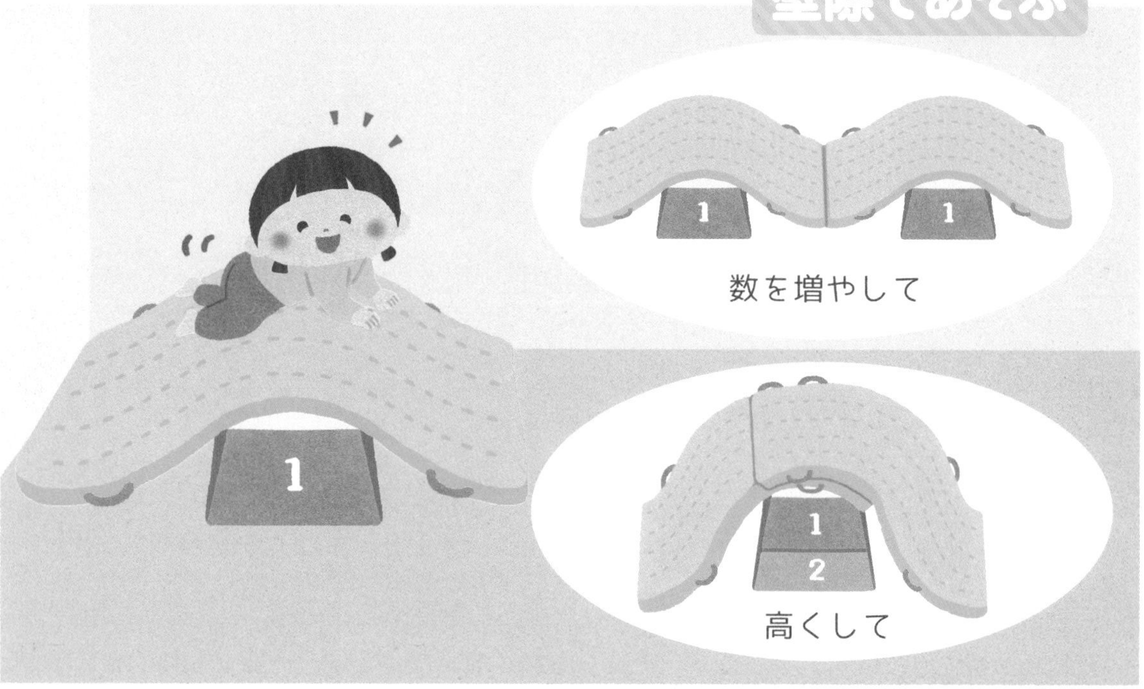

初めは保育室の壁際で、一つの山をはいはいなどで上り下りを繰り返して遊びましょう。壁際で行なうことで、たっちで上れる子どもは壁に手を添えることができ、また、向こう側へ落ちたりする危険性も回避できます。慣れてくると山をもう一つ作ったり、山の高さを変えたりなどの工夫をすると、より興味をもって取り組めるでしょう。

経験したい動きを保育の中でしぜんに楽しめるよう、サーキット遊びを取り入れてみましょう。本書で紹介しているあそびも取り入れながら、1日に短時間行ない、繰り返し楽しめるといいですね。

1歳

少しのあそびを継ぎ足して

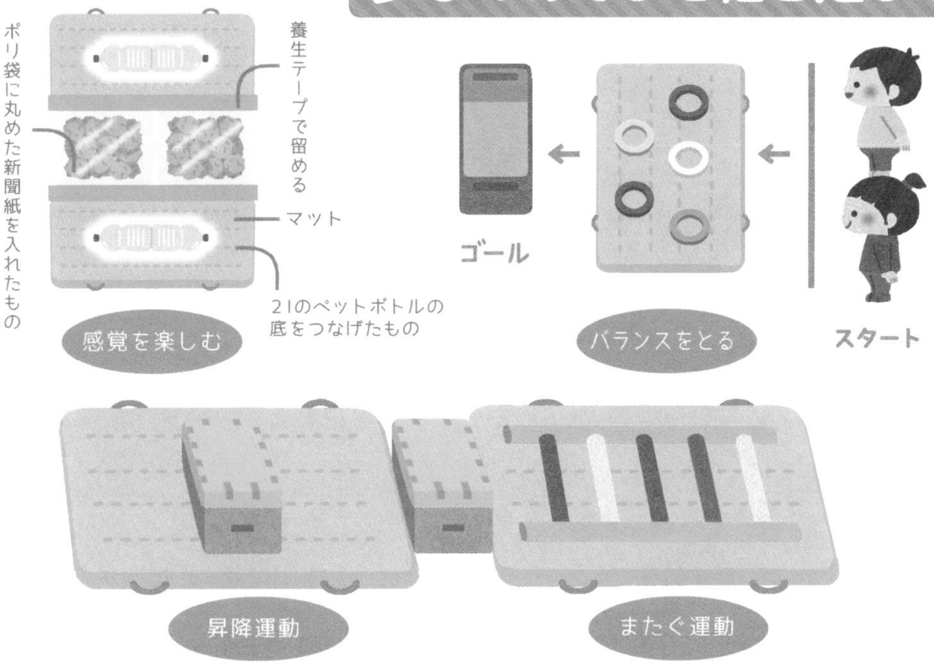

昇降運動(巧技台など)を取り入れて遊んでみましょう。おおむねスムーズにできてきた頃に、はしごなど、子どもが興味を引いたり、そのクラスに必要な内容やねらいのあるあそびを継ぎ足します。また繰り返し遊んでいき、本書に載っている子どもに合った遊びを加えていくなど、小さな目標を少しずつ立てていくようにします。子どもたちにも分かりやすく、取り組みやすいでしょう。

一直線からの+アルファ

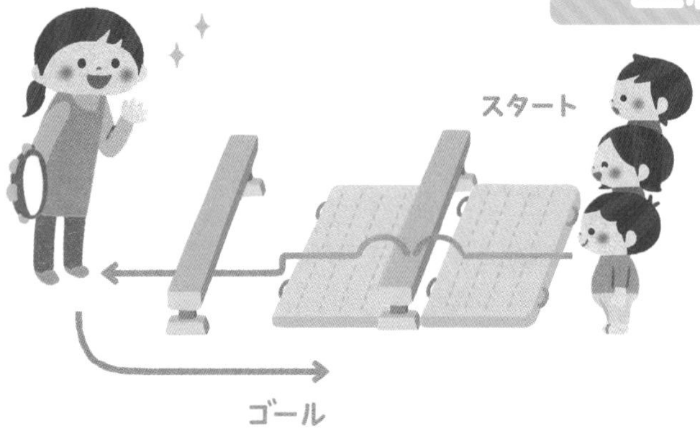
スタート
ゴール

スタート
ゴール

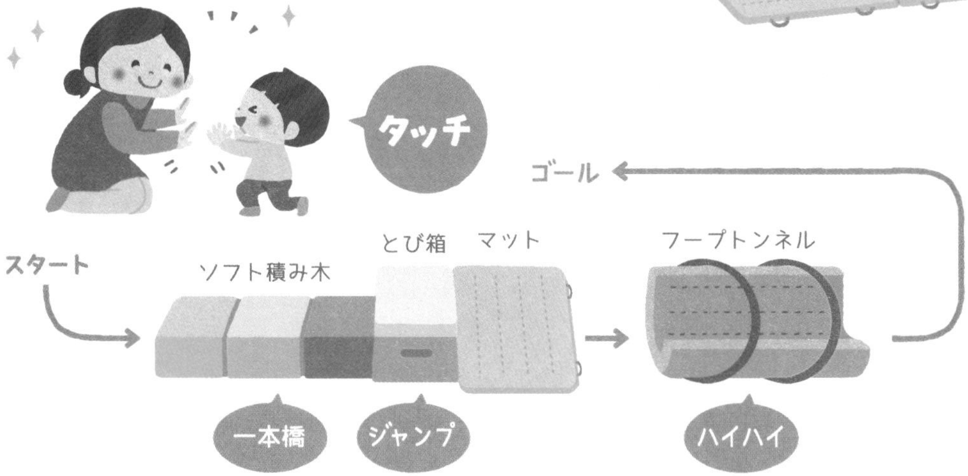
タッチ
ゴール
スタート
ソフト積み木
とび箱
マット
フープトンネル
一本橋
ジャンプ
ハイハイ

この年齢になると、ワクワクドキドキするような期待感をもって取り組めるようになってきます。「これできるかな?」などと問い掛けると、意欲的になり進んで取り組んでいく姿が見られます。図にあるように、ソフト積み木の一本橋を設定しても子どもの見える距離に大きなとび箱など置くことで、目標となり「とび箱まで行ってみよう!」という気持ちも呼び起こします。サーキットの中でも子どもたちが楽しめる仕掛けを設定しましょう。マットにフープを通したトンネルは、子どもがくぐると揺れます。その揺れを楽しんで前に前に体を動かしていきます。コースの最後まで行くと、今度は反転して保育者の所までかけっこをします。かけっこではなくても本書に出てくるような足の裏の感覚あそびや、ダイナミックな粗大運動などを組み合わせていくと、全身を使って遊ぶでしょう。ただ、いつまでも時間をかけてするものではなく、早めに時間を切り、次の日の活動へとつなげていくのもいいでしょう。たまにする、雨の日にするというものではなく、毎日決まった時間に遊ぶことの方が大切です。それが園で安心して過ごすリズムとなるからです。1歳児の部分でも述べたように、少しのあそびを継ぎ足していく方法の延長が一直線になってもいいでしょう。コツコツと繰り返して遊ぶことをお勧めいたします。

安全に気を付けよう

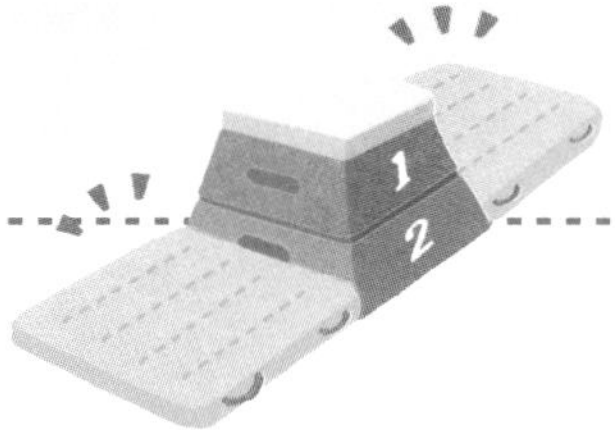

想定外に臨む

重大な事故を防ぐには、この遊びをするとどのようなことが起きるのかをシミュレーションしておく必要があります。それでも、保育者の想定以上の思わぬ動きをするのが子どもです。
マットを十分に置く、保育室の棚やテーブルなど、動くものには保護テープを貼っておくなどの配慮をすることで万一の事態に備えるようにしましょう。

見守り

保育中に子どもがケガをしてしまった場合、保護者が一番求めてくるのはそのときの状況を教えてほしい、ということです(もちろん、ケガの度合いも求められます)。そのときの応答が「見ていませんでした」「気付きませんでした」とならないように、遊ぶときには保育者の配置を意識することと、子どもから目を離さないということが重要になります。その見守りの中で、更に遊びを工夫する必要があるため、準備が本当に大切なものとなります。子どもが安心して楽しい雰囲気の中で思いっ切り遊ぶために必要なことは、「監視」の眼差しではなく、しっかりと保育者同士の連携が取れた中での「見守り」です。温かい保育を心掛けてケガをしない子どもの体作りを援助しましょう。

第1章

微細運動

触れば触るほどいろんな動きに！

くるくるずりずり

遊びを通して
十分につかまり立ちや伝い歩きをする

ペーパー芯に興味をもって遊ぶ

ペーパー芯をつかんで放す、移動させる、回すなど、いろいろな関わり方を楽しんでみましょう。

くるくるっ

よいしょ、
よいしょ

準備物

ペーパー芯３個、色紙(赤、黄、緑、青などはっきりした色)、少し太めのひも(綿ロープ　など)、吸盤２個

- ペーパー芯に色紙を巻く。…Ⓐ
- Ⓐにひもを通し、両端を窓や壁などに付けた吸盤に結び付ける。

※ひもはピンと張りましょう。

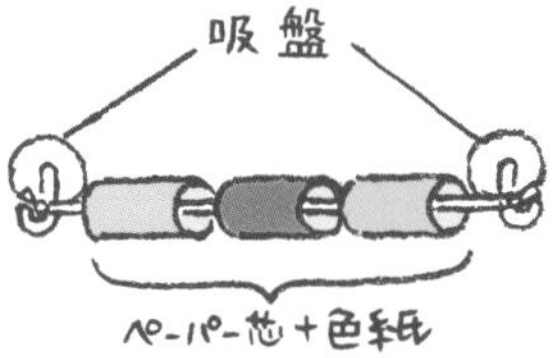
吸盤
ペーパー芯＋色紙

いろいろな色のペーパー芯を興味津々で触っていました！ 保育者が横に移動させて見せると、うれしそうに笑って、自分で動かそうとしていました。

しゃーっ！

遊んでみました！

あそびのコツ
子どもの目線より少し上に取り付けます。

なるほど解説

月齢に合わせた動きで安心して遊ぶ

つかまり立ちや伝い歩きができるようになってきた子どもにピッタリの遊びです。つかむ、離す、回すなどの動きを組み合わせ、興味･関心をもち、安心して過ごせるようにしていきましょう。

展開のカギ

ひもの長さや吸盤の位置を変えたり、ペーパー芯を増やしたりしてみましょう。

興味をもって、引っ張ろう！

ぎゅーっ!!

遊びを通して
引っ張る

バンダナに興味をもって、握ったり引っ張ったりして遊ぶ

※結び目が引っ掛かることで変化を楽しめます。繰り返し何度も遊んでみましょう。

ぎゅーっ!!

なにこれ？

遊んでみました！

最初は箱やバンダナを触るだけでしたが、保育者が引っ張って見せると、まねをして引っ張っていました。

準備物

牛乳パック、バンダナ（ガーゼハンカチなどでもOK）

- 牛乳パックの一面を切り取り、口を折り畳んで布テープで留める。
- 切り取った面の反対側にペットボトルのキャップ大の円を２つ描き、切り込みを入れる。
- バンダナを三角形に折って細く巻き、数か所結び目を作る。

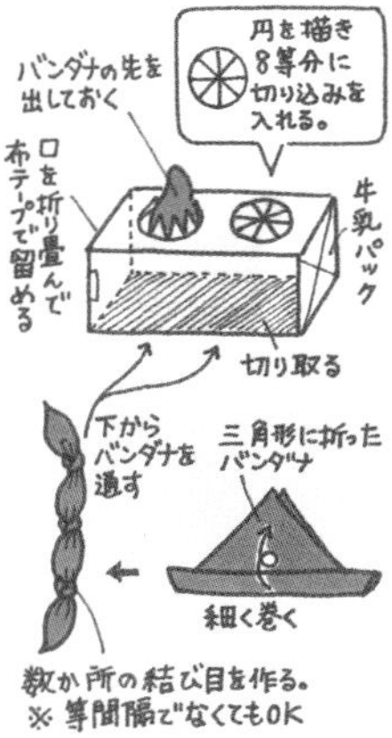

バンダナの先を
出しておく

※等間隔でなくてもOK

なるほど解説

遊びを持続できる環境を

まずは興味・関心から始まります。触って、引っ張ってみる、この一連の流れを子どもたちは楽しみ、何度も繰り返していきます。少しの時間でもいいので、持続できるように環境を整えていきましょう。

展開のカギ

バンダナを２本つなげても、おもしろいです。

どんどん出てくるね～

😊 指先の動きを活動的にしてみよう！

スポンジ きゅっきゅっ

遊びを通して
指先を動かす
入れる

1. 指人形で遊ぶ

指先にスポンジ人形を付け、動かしてみましょう。
この活動を繰り返して、指先を十分に動かしましょう。

※保育者が付けて、子どもに見せてもいいでしょう。

準備物

台所用スポンジ、蓋付き容器

- 8等分に切った台所用スポンジに、油性フェルトペンで顔を描いて、スポンジ人形を作る。
- 容器の蓋にスポンジ人形が入るくらいの大きさの穴をあける。

台所用スポンジ

油性フェルトペン

穴をあける

蓋付き容器

反対側にも顔を描く

底の中央にハサミで切り込みを入れる

なにこれ？

保育者がして見せると、自分から手を出したり、指にギュッと押し込んだりする姿が見られました。高月齢児は容器に入れることに集中して繰り返し楽しんでいました。

あそびのコツ
子どもと一緒に遊んでみましょう。

遊んでみました！

なるほど解説

微細運動のきっかけに

スポンジに興味をもち、手で握るなどの動きはある程度できるでしょう。これから指を上手に動かすことは大切な活動なので、微細運動を十分にしていきましょう。

2. 穴に入れて遊ぶ

容器にスポンジを入れて遊んでみましょう。

ぽいっ！

いっぱいになった〜！

展開のカギ

スポンジの大きさを変えて、指を入れる部分を広げてみましょう。

0歳児
0 1 2

ボールが転がっていくのが楽しい♪

ボールコロコロよーいドン!

遊びを通して

繰り返し遊ぶ（つかむ、放す、取りに行く、拾う）

ボールを転がして遊ぶ

坂道の上にボールを置いて手を放し、転がっていく様子を見て楽しみましょう。ボールを拾いに行き、戻って繰り返し遊びます。

準備物

とび箱1段目、マット(ロイター板でもOK)、ゴムボール(ドッジボールくらいの大きさ)

- とび箱にマットを掛けて坂道をつくる。

※壁に向かってボールを転がすように設置しましょう。

転がったね～!

はやい～

なるほど解説

好奇心をもって夢中で遊ぶ

子どもたちは自分が転がしたボールをジーッと見るでしょう。そして、しぜんと体が動き、拾いに行きます。興味や関心、好奇心をもって夢中で遊びに取り組めるといいですね。

もういっかい、ころがす～!

あそびのコツ

保育者が一度ボールを転がしてみよう。

自分のボールがスピードに乗って転がっていくのが楽しいようで、何度も何度も繰り返し転がす姿が見られました。

遊んでみました!

展開のカギ

壁までの距離を離して取り組んでみましょう。500mℓのペットボトルなどを置いて的にし、ボウリング遊びをしてもいいでしょう。

腕を上げて下げる、引っ張る運動！

タオルしゅ〜っ！

遊びを通して
引っ張る

タオルを引っ張って遊ぶ

座ったまま、もしくは立ってタオルを引っ張り、抜いて遊びます。

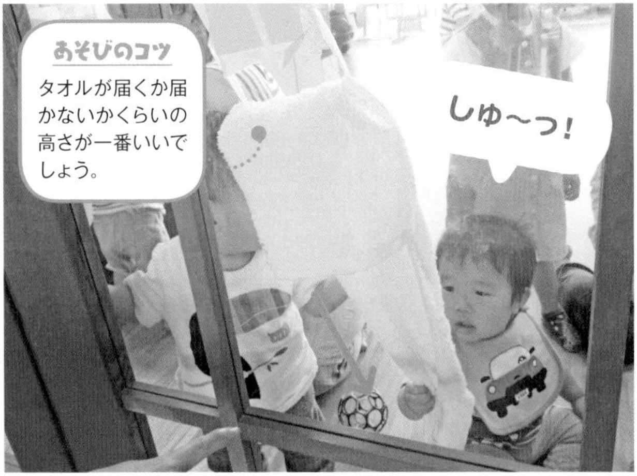

あそびのコツ
タオルが届くか届かないかくらいの高さが一番いいでしょう。

あそびのコツ
高さに変化をつけて遊びに幅をもたせましょう。

遊んでみました！

保育者が触って見せると、少しずつ興味を示してタオルに触れる姿が見られました。

準備物

ペーパー芯、スズランテープ、タオル（ガーゼなどでもOK）

- ペーパー芯にスズランテープを通して輪にし、窓や壁などに貼る。
- ペーパー芯部分にタオルを掛ける。

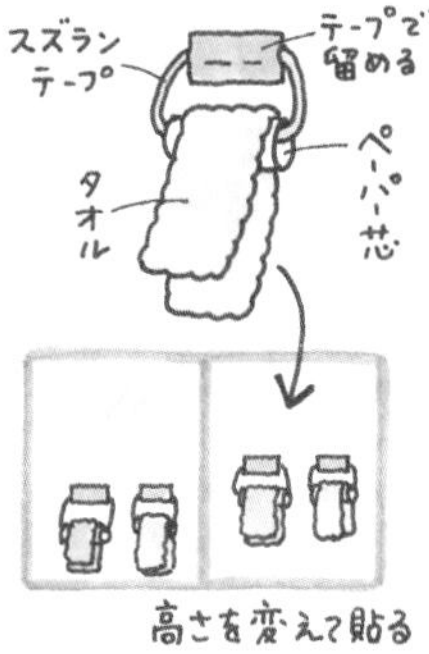

なるほど解説

挑戦できる環境を

物を手前に引き付ける動きを含む遊びです。高さを変えて繰り返し遊び、「とれた!」と自分から進んで挑戦できる環境をつくっていきましょう。

展開のカギ

スポーツタオルやバスタオルなどを使って、厚さや長さに違いをもたせてもいいでしょう。

何かが出てくる??

もじゃもじゃくん バァッ!!

遊びを通して
興味をもって引っ張る

興味をもって引っ張って遊ぶ

ひもを引っ張ると、窓からもじゃもじゃした物が…。更に興味をもって引き抜くと、もじゃもじゃくんが登場します。持って触って、繰り返し遊んでみましょう。

準備物

牛乳パック2本、ビニールテープ、スズランテープ、荷造りひも、ポリ袋、ペーパー芯

- 牛乳パックの底と口を切り、一面の真ん中辺りを四角く切り抜いて窓を作る。×2…Ⓐ
- Ⓐをビニールテープでつなげて、片方にレジ袋を付ける。…Ⓑ
- スズランテープで作ったポンポンに、荷造りひもを付けてもじゃもじゃくんを作り、Ⓑに入れる。
- 切り込みを入れて絞ったペーパー芯を荷造りひもの先に取り付け、ビニールテープで固定する。

ポリ袋／四角く切り取る／ビニールテープ／ペーパー芯／切り込みを入れて絞る／荷造りひも

もじゃもじゃ!

なにこれ!

でてきた〜!

しゅ〜っ!

※テーブルなどに置くと遊びやすいです。レジ袋でシャカシャカと音を出す演出をしてもいいでしょう。
※親子で座って一緒に遊ぶとおもしろいでしょう。

あそびのコツ
レジ袋をガサガサと鳴らしてみよう。

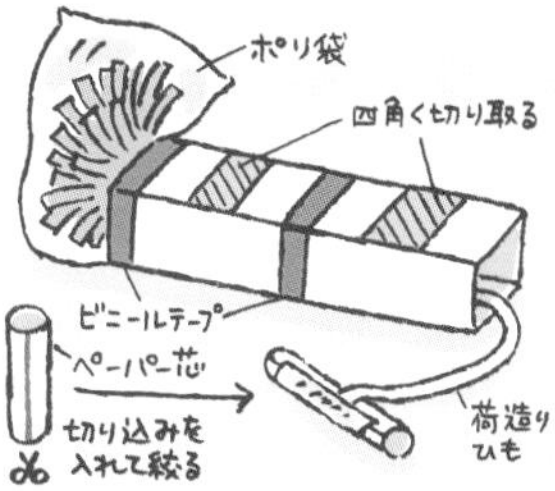

初めはひもに興味を示して感触を確かめていました。不意に引っ張ると、中からもじゃもじゃくんが出てきて少しびっくりしていましたが、フワフワした感触も楽しんでいました。

🔑 展開のカギ
もじゃもじゃくんの先に、保育室内の玩具(柔らかい物 など)をつなげてみるとおもしろいです。

📖 なるほど解説
関心が高まる仕掛け
まず、レジ袋の音に驚き、興味をもつでしょう。ひもを引っ張ってみると、窓からもじゃもじゃくんが見えます。ますます興味をもって引っ張り、出てきたもじゃもじゃくんを見て触ったり、投げたりします。短時間で子どもの関心を大きくしていく仕掛けを準備することが大切です。

遊んでみました!

0歳児
0 1 2

驚きを感じると同時に、
手の動きを活発に！

シュルルン棒

遊びを通して
つかんで引っ張り放す
ものに関わる

ペーパー芯を引っ張って遊ぶ

ペーパー芯を持ち、手前に引っ張って放します。繰り返し遊んでみましょう。

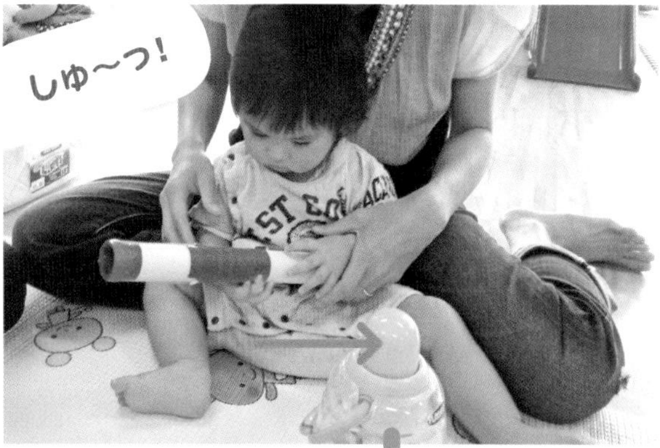

おそびのコツ
ペーパー芯の絞り具合を調節しましょう。

準備物

ラップの芯、ペーパー芯、輪ゴム

- ペーパー芯にビニールテープを巻いて装飾し、縦に切り込みを入れる。
- 端から1.5cmほど切り落とす(Ⓐ)。長い方(Ⓑ) をラップの芯に通し、滑らかに動く程度に絞って固定する。
- Ⓐ、Ⓑに2か所切り込みを入れ、輪ゴムを掛ける所を作る。
- Ⓐをラップの芯の先端に通して絞り、固定する。輪ゴムを掛けてビニールテープで切り込みを固定する。

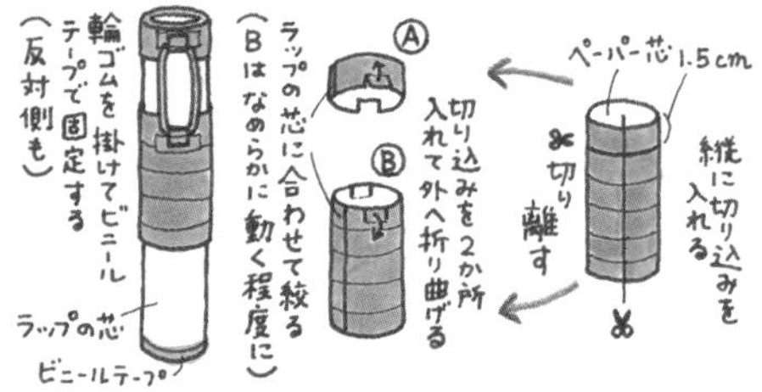

なるほど解説

不思議な感覚を楽しむ

この時期の子どもは、物をつかむとなかなか手を放しません。手をパッと広げて放すと不思議なことが起きるような感覚で遊んでいくといいでしょう。

遊んでみました！

まずは保育者が動かして見せると、不思議そうに見ていました。

展開のカギ

輪ゴムを増やすなど、少し力を入れることをねらいにしてみましょう。

0歳児
0 1 2

ひっぱってひっぱって、
ひっぱり切る！

がらがらタオル

遊びを通して
両手を使って交互に引っ張る

興味をもって引っ張る

がらがらタオルに興味をもってひもを引き、タオルが一緒に回るのを見て楽しみます。両手で手繰り寄せ、タオルが取れるまで引っ張ってみましょう。繰り返し遊びましょう。

あそびのコツ
荷造りひもを短めにしておきます。

準備物

ペーパー芯、針金ハンガー、タオルハンカチ、荷造りひも(スズランテープでもOK)、布テープ

- ペーパー芯に切り込みを入れて、ハンガーに通し、絞ってテープで留める。…Ⓐ
- タオルハンカチに荷造りひもを結び、Ⓐに巻いて、がらがらタオルを作る。

※壁などに掛けて遊びます。

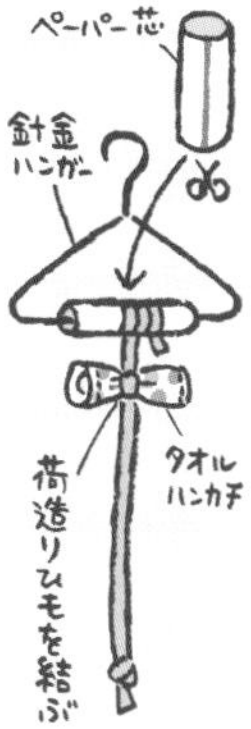

展開のカギ

- ひもの長さを変えましょう。
- ひもの途中にアクセント(カラーテープを巻いておく など)を入れてもいいですね。

なるほど解説

興味をもって自分から取り組む

子どもが興味をもち、自分から進んで遊びに取り組む姿勢を大切にしましょう。片手だけではなく、両手を使って引っ張る経験をし、取れたときの達成感を保育者と共に喜んで、再び自分から進んで取り組めるようにしましょう。

遊んでみました！

一生懸命に手を伸ばしてつかみ、グイッと引っ張って真剣な表情で取り組んでいました。

手を様々な方向に
動かしてみよう♪

ぐ～るぐる

遊びを通して

興味をもって触れる

いろいろな方向から回す

0歳児
微細運動
ぐ～るぐる

CDを回転させて遊ぶ

牛乳パックの置き方によって、
CDを回す手の動きが変わります。

縦に置く（手前、奥へ回す）

立てる（上下に回す）

横に置く（左右へ回す）

あそびのコツ

一緒に楽しみながら何度も繰り返して遊びましょう。

シール貼りをして飾り付けをしてみよう！

キラキラした面に興味を示して、のぞき込んだり自分から触ってみたりする姿が見られました。

準備物

使わなくなったCD、牛乳パック、ストロー、割り箸、ビニールテープ

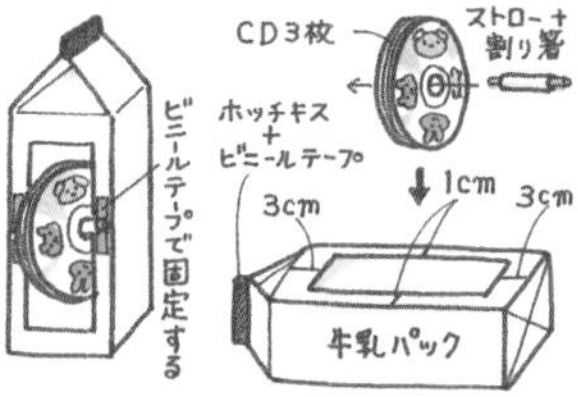

- 牛乳パックの一面を長方形に切り取る（両横から1㎝、上下3㎝の位置）。
- 注ぎ口をホッチキスで閉じ、ビニールテープでカバーする。
- 両面がシルバー面になるように、CD3枚を重ねてセロハンテープで留める。ビニールテープで3か所程度留め、動物のイラストなどを貼る。
- ストローと割り箸を牛乳パックの幅に合わせて切り、CDの穴に通して固定する。

展開のカギ

牛乳パックの側面に直径1.5㎝ほどの穴をあけてのぞいてみましょう。

なるほど解説

科学の芽生えにつながる

まずは興味をもって触れてみることが大切です。CDがキラキラ光ったり、ビニールテープやシールが回転して様々な色に変化したりすることを感じられるといいでしょう。ちょっとした科学の芽生えにもつながります。

0歳児
0 1 2

指先の細かな動きと、
力強い動きを経験できる！

のせてのせて

遊びを通して
つかんで放す
力の調節をする

ボウルの上にペーパー芯をのせて遊ぶ

ペーパー芯を全部のせたらボウルを動かして倒し、
繰り返し遊びます。

※ペーパー芯の本数は、月齢に応じて調節します。

あそびのコツ
初めは少ない本数で。保育者が遊び方を見せましょう。

うまくペーパー芯が立てられずに倒してしまっても、何度も指先を使って立てようとしていました！

準備物

大きめのボウル、厚紙（段ボール板でもOK）、ペーパー芯、色紙

- 厚紙をボウルの直径より4cm程度大きい円に切って、ボウルに蓋をするように貼る。
- ペーパー芯に色紙を巻き付ける。

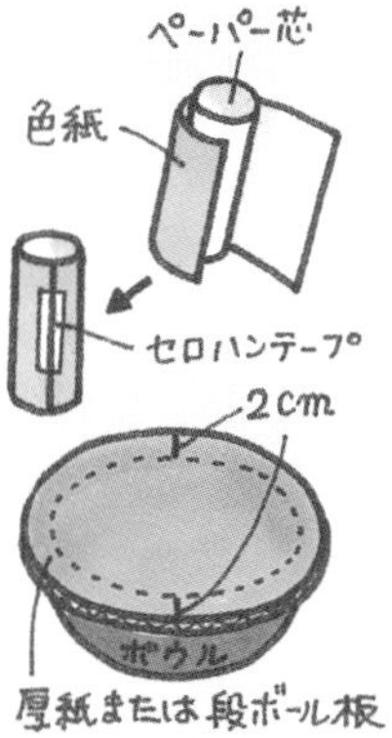

展開のカギ

- ペーパー芯の本数を増やしてみましょう。
- ボウルに鈴などを入れると楽しさが広がります。

なるほど解説

積んで倒して

物を積み上げたり重ねたりして「できた!」と納得し、その後「ドーン!」と倒すのが楽しい時期です。つかむ・放すだけではなく、力加減ができるようになるといいでしょう。

剥がすときの音がおもしろい！

べりべり

遊びを通して
指先に力を入れる

くっつけたり、剥がしたりして自由に遊ぶ

バラバラに置いているべりべりをくっつけたり、1枚ずつ剥がしたりして遊びます。

あそびのコツ
初めは2枚重ねでたくさん遊んでみよう。

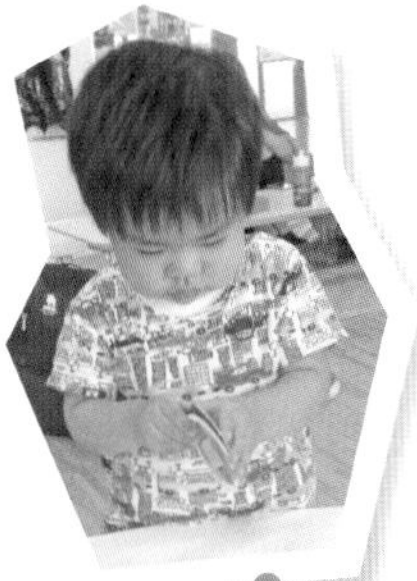

べりべりべり～

とれた！

低月齢児から高月齢児まで、すぐに興味を示していました。指先を使って一生懸命剥がし、上手に剥がせると満足げな表情を見せてくれました。

遊んでみました！

準備物

牛乳パック、面ファスナー

- 牛乳パックの側面から直径7㎝の丸形を切り取り、両面の中央に面ファスナーを貼ってべりべりを作る。

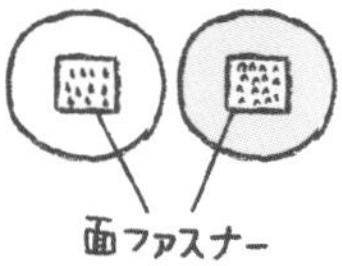

※油性フェルトペンで模様を描いてもOK。
※たくさん作って遊んでみましょう。

なるほど解説

試しながら楽しむ

面ファスナーの付く･付かないを試しながら、剥がす音を楽しめるといいですね。「音がしたね」「あれ？　付かないね」「付いた、付いた」と子どもに寄り添いながら声を掛けて遊びましょう。

展開のカギ

ティッシュケースや段ボール箱などに面ファスナーの片面を付け、べりべりを付けてもおもしろいです。

押すと出てくるスポンジフェイス☆

ぎゅっとポン!

遊びを通して

両手で使う
手のひらで押す力

筒で押し出すと顔が出てくる

ラップの芯をキッチンペーパーの芯に入れて押し、スポンジが出てくるのを楽しみます。

おそびのコツ

スポンジを詰めるところから一緒に見よう。

準備物

キッチンペーパーの芯、ラップの芯、台所用スポンジ

- 台所用スポンジをカットし、油性フェルトペンなどで顔を描く。…Ⓐ
- 2本の芯を自由に装飾する。
- キッチンペーパーの芯に少し見える程度Ⓐを入れる。

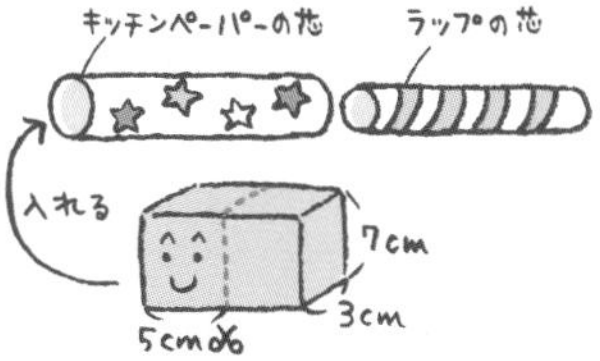

※スポンジのサイズは目安です。

なるほど解説

興味・関心をもってやってみる

筒でスポンジを押し出す遊びです。初めは保育者が遊ぶ様子を見せましょう。その様子を見て子どもが興味・関心をもち、保育者と一緒に筒を持って押し出す運動をしていくといいでしょう。

遊んでみました!

スポンジに興味を示して見つめたり触ったりする姿が見られました。初めは押すのが少し難しいようでしたが、何度も試して集中して楽しみました。

展開のカギ

スポンジを奥まで入れ、すぐに出てこないようにしてみましょう。

0·1歳児

0 1 2

興味・関心をもつことが
遊びのスタート！

?(ハテナ)ぼっくす

遊びを通して
取り出す
ものに関わる

ごろごろハイハイタイプ

保育者が玩具などを入れる様子を見たり、窓からのぞいたりします。

おすわりタイプ

玩具や手などを入れたり、窓からのぞいたりします。

あそびのコツ
台などに置くと、窓からのぞきやすくなります。

準備物

段ボール箱（2ℓのペットボトル1ケースの箱[約33×32×19㎝] なら、図のような寸法がちょうどよい）、クリアフォルダー、玩具（ボールや手のひらサイズのマラカス　など）

- 箱の上部に子どもが出し入れしやすい大きさの穴をあける。
- 側面の手前と奥には少し大きめの四角い窓をあけ、クリアフォルダーを内側から貼る。
- 残りの側面は、出し入れしやすいように穴（上部より少し小さめ）をあける。

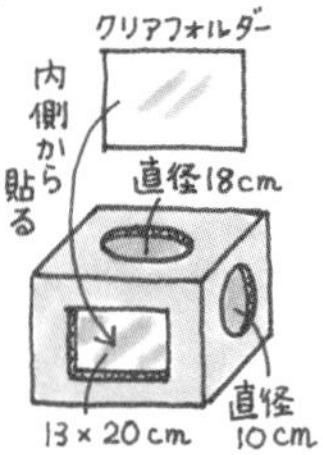

なるほど解説

保育者としての役割をプラス

興味・関心を引くには保育室の環境構成が重要になります。ただ単に、『?ボックス』を置くのではなく、保育者の役割を足すことで、のぞいたり、取り出したり、他の玩具を入れたりなどすると、子どもの意欲も増すことになります。

展開のカギ

手を入れて、つかみ、引き出す活動も加えます。物の大きさ・長さの認識につながる一歩となるでしょう。

指先の動きをしっかりと!

いないいないピョ～ン!!

遊びを通して
ものに関わる
引っ張る

筒の中の人形を引っ張ったり、放したりして遊ぶ

筒の底から手を入れて「いな～いいな～い」と言いながら人形を引き出します。「ば～っ!」で手を放すと筒の中に人形が隠れます。繰り返し遊びましょう。

準備物

筒形の空き容器(お菓子箱 など)、平ゴム、プチプチシート(20×20㎝程度)、ティッシュペーパー、爪ようじ

- ティッシュペーパーを1枚丸め、角を丸く切ったプチプチシートに包んでセロハンテープで固定し、人形を作る。
- 容器の底を5㎜残して丸く切り抜く。蓋の中心に穴をあけ平ゴムを通す。
- 平ゴムの先に爪ようじを結んで蓋に固定する。反対側は人形に結ぶ。

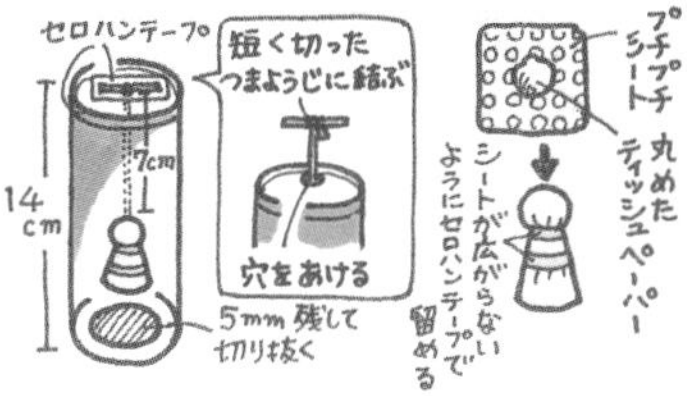

あそびのコツ

まずは保育者が遊んで見せましょう。

展開のカギ

2～3種類の「いないいないピョ～ン!!」を作って遊んでみましょう。

なるほど解説

興味をもって繰り返し遊ぶ

子どもの方から興味・関心を示し、手に取って遊んでみることが大切でしょう。短時間でいいので繰り返し遊びましょう。指先を上手に動かしたり、集中したりすることによって、情緒の安定へと促せるでしょう。

音がする？ くっつきた！

くっつきフリフリ

遊びを通して
振る力
微細運動
（付ける、外す）

興味をもって自由に遊ぶ

※繰り返し遊んでみましょう。

つかむ

準備物

ペーパー芯、ボトルキャップ、具材（小豆、乾燥コーン　など）、面ファスナー（粘着テープ付き）、ビニールテープ

- ペーパー芯に縦に切り込みを入れて絞る。…Ⓐ
- Ⓐの片側にボトルキャップをはめ、具材を入れて反対側も同様にはめる。ビニールテープでしっかりと固定し、装飾する。
- ボトルキャップに面ファスナーを貼る。

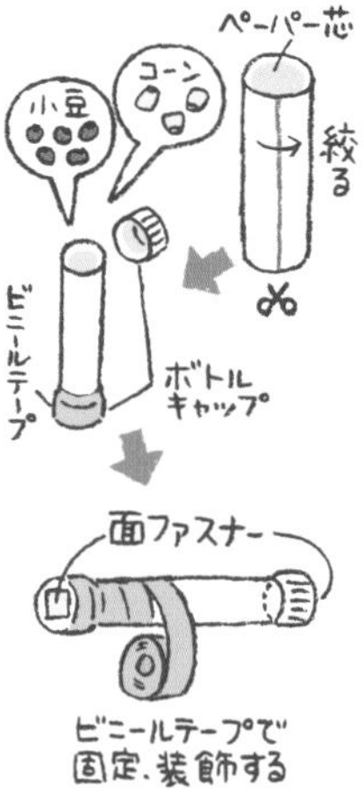

展開のカギ

- 具材を替え、音のバリエーションを増やしてみましょう。
- 立てて並べて遊んでみましょう。

なるほど解説

様々な感覚を刺激する

「これ、なーに？」と疑問に思ったり、興味をもったりすることから遊びが始まります。音を出す、転がす、つなげて遊ぶなど、それぞれの遊びで感覚を刺激しながら育ちを見守っていきましょう。

振る

低月齢児は一度握ると気に入って放さない子どもが多く見られました。高月齢児はくっつけたり、放したりを繰り返して「バリバリ！」と放れるときの音も楽しんでいました。

具材によって異なる音の違いに気付きます。

くっつける、放す、長くつなげる

あそびのコツ

くっつく、放れる楽しさを子どもと一緒に味わう。

0·1歳児
0 1 2

交互に引っ張って楽しい♪

ひっぱりリンリン

遊びを通して
引っ張る
腕を広げる

キャップや鈴を引っ張って遊ぶ

ペーパー芯を持ってキャップを引っ張ると鈴が動きます。反対に鈴を引っ張るとキャップが動きます。手首を返して交互に引っ張って遊んでみましょう。

あそびのコツ
ひもの長さは子どもに合わせて調節しましょう。

準備物

ペーパー芯1本、ボトルキャップ4個、つづりひも1本(45㎝)、鈴1個

- ボトルキャップ3個の中心にキリで穴をあける。ペーパー芯は縦に切る。
- キャップ2個、ペーパー芯にひもを通す。ペーパー芯の両端にキャップをはめ込み、ビニールテープを巻く。
- ひもの片方に鈴、もう片方にはキャップの穴を通し、もう1個を合わせてテープで留める

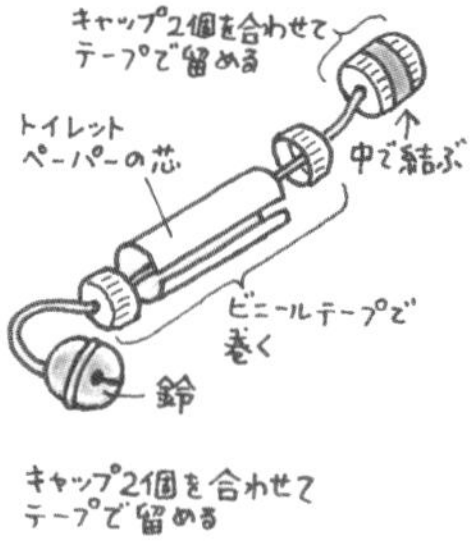

展開のカギ

鈴以外にもガチャポンケースや小さめのボールなどを付け、様々なものに触れ、よい刺激を得るのもいいでしょう。マイクにしても遊べます。

なるほど解説

生活する基本の動作を促す

ひもを引く活動は指先や手のひらに力を入れ、ひじを曲げたり伸ばしたりする動きを促します。手に取って腕を広げる内容も含まれるので、生活する上での動作のもとになるでしょう。

0·1歳児
0 1 2

なじみの歌でリズムあそび

ちょこっとリズム

遊びを通して
リズムに合わせて
手を動かす

『グーチョキパーでなにつくろう』の替え歌で遊ぶ

1 ぐるぐるぐるぐる（ピタッ）ぐるぐるぐるぐる（ピタッ）

かいぐりをして動きを止める。×2

あそびのコツ
歌と動きのめりはりをつけることが大切です。

なるほど解説
リズムあそびを楽しんで
友達と一緒に遊ぶときに、周りの音や歌のテンポを聞きながら、上手にリズム打ちができるといいですね。ゆっくり、簡単、楽しい手遊びなので、繰り返し遊んでみましょう。

2 パンパンパン　パンパンパン

手拍子を3回する。×2

遊んでみました！
ピタッと止まると子どもたちは楽しそうに笑い合っていました。

展開のカギ
慣れてきたら「ぐるぐる」と「パンパン」を入れ替えてみましょう。

3 ぐるぐるぐるぐる（ピタッ）ぐるぐるぐるぐる（ピタッ）パンパンパン　パンパンパン

1 2 と同じ。

※『グーチョキパーでなにつくろう』（作詞／不詳　外国曲）のメロディーで　作詞／小倉和人

自発的な活動に!

カラコロカラコロ

遊びを通して
物を見つける
音や色を楽しむ

ペットボトルを取り付けて、引きずって遊ぶ

短縄を持って引きずりながら歩き、ペットボトルを見つけたらキャップに取り付けていきます。少しずつペットボトルの数を増やしていきながら散歩します。

あそびのコツ
保育者といろいろな所をまわって遊んでみましょう。

あそびのコツ
子どもと一緒に遊んでみましょう。

準備物

短縄、つづりひも、ペットボトル、色画用紙、カゴ

- 筒状の色画用紙を入れたペットボトル３～４本をセットにしてカゴに入れ、保育室のあちこちに置いておく。
- ボトルキャップに目打ちで穴をあけ、つづりひもを通して結ぶ。短縄につづりひもを枝のように結ぶ。

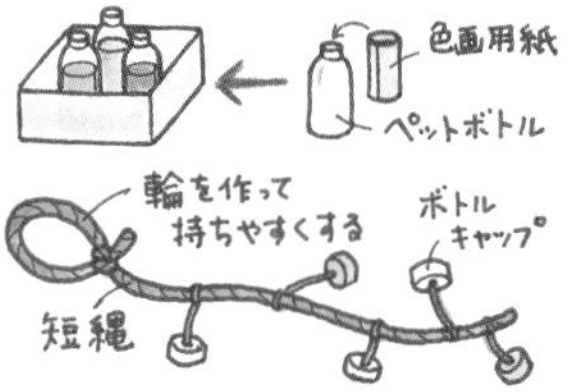

なるほど解説

手に持って歩く運動から広がる

この時期の子どもは、何かを手に持って歩く運動を好みます。ペットボトルの存在に気が付けばどんどん数を増やすことができ、音や彩りなどをもっと楽しめるでしょう。

展開のカギ

中に大豆や小豆など、音の出る物を入れてみましょう。

音と感覚で集中する時間を経験!

すくってジャ〜ッ!

遊びを通して
集中力
音を楽しむ

おたまでボトルキャップをすくい、移して遊ぶ

準備物

プラスチック製のおたま、ボトルキャップ、容器2個

左側の容器にボトルキャップを入れます。子どもはおたまを持ってキャップをすくい、右側の容器に移します。

※ある程度すくって移すことができればいいでしょう。最後は手で移しても、または容器を入れ替えて初めからスタートしてもいいでしょう。

なるほど解説

集中して遊ぶ子どもを見守る

おたまいっぱいにキャップをすくうことを喜ぶ一方、ジャ〜ッと移す楽しさも味わうことができます。それぞれに子どもが感じる楽しさのポイントがあるので、じっくりと集中して遊んでいる姿を見守りましょう。

あそびのコツ

すくった実感が湧くように、キャップはたくさん用意しましょう。

展開のカギ

容器をなべにしたり、束にしたチェーンリングを入れるなど、ままごとなどの具材に広げていくといいでしょう。

指を上手に動かしてみよう！

パチパチはくしゅ

遊びを通して
歌に合わせて指を動かす

『はじまるよはじまるよ』の替え歌で遊ぶ

**1 はじまるよ
はじまるよ
はじまるよったら
はじまるよ**

手拍子をする。

2 とうさんゆび

♪ とうさんゆび

片方の親指を出す。

**3 とうさんゆび
はくしゅしよ！**

♪ とうさんゆび〜

もう片方の親指を出して、構える。

4 パチパチパチパチ

パチパチパチパチ

親指で拍手をする。

以下、指を替えて同様に遊ぶ。

**5 かあさんゆび
かあさんゆび
はくしゅしよ！**

**6 にいさんゆび
にいさんゆび
はくしゅしよ！**

**7 ねえさんゆび
ねえさんゆび
はくしゅしよ！**

**8 あかちゃんゆび
あかちゃんゆび
はくしゅしよ！**

**9 みんなで
いっしょに
はくしゅしよ！**

同じように片手ずつ出して、手のひらで拍手をする。

※『はじまるよはじまるよ』(作詞・作曲／不詳)のメロディーで　作詞／小倉和人

なるほど解説

今後の活動を見通す動きを取り入れる

この時期の子どもの手の動きには、握る・広げるが主に見られます。そこで、指を合わせる、全ての指を動かすということが今後の活動を見通すと重要になります。歌に合わせて指を動かして遊んでいきましょう。

あそびのコツ
指が出しやすいようにゆっくり歌いましょう。

遊んでみました！

自分の指を見ながら一生懸命パチパチする姿がとてもかわいらしかったです。

展開のカギ

「♪とうさんかあさん」など組み合わせて、2本指で遊んでみましょう。

♪とうさん かあさん
はくしゅしよ！
パチパチ パチパチ

指先の動きと左右の手の動きを促す!

するする棒

遊びを通して
- 両手を上手に動かす
- ものに関わる

輪をするする棒に通して遊ぶ

ランダムに置いている輪を拾って、するする棒に通していきます。満タンになったらバケツに入れます。これを繰り返して遊んでみましょう。

準備物

ラップの芯(長さを調節した筒状の新聞紙でもOK)、ペーパー芯(たくさん)、バケツ(カゴでもOK)

- ラップの芯の持ち手(5㎝程度)にビニールテープを巻く。
- ペーパー芯に着色し、6等分に輪切りにする。

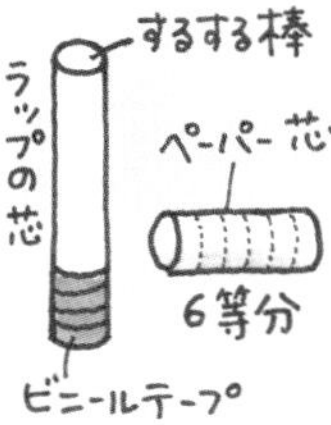

あそびのコツ
保育者が遊ぶ姿を子どもに見せましょう。

カゴに輪がどんどんたまっていくことを喜んでいました!

まんたんになった!

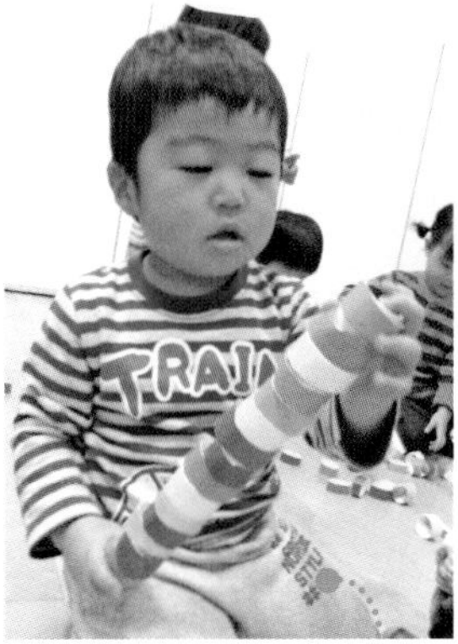

あそびのコツ
輪はたくさんあると、子どもたちも楽しめます。

なるほど解説

両手を意識して遊ぶ

初めは輪を通すことに集中します。つまり、輪を拾おうとすると通した輪が落ちかねません。両手に気を配りながら慎重に落ち着いて遊んでいくことが大切です。

スルスル～

展開のカギ
太さや長さの違う輪を準備してみよう。

1・2歳児
0 1 2

つかむ、ひねるなどの動きを経験しよう!

くるくるギュッ!

遊びを通して
手を使って回す
ものに関わる

準備物

ペットボトル10本(2ℓ:2本、1.5～1ℓ:2本、500mℓ:4本、350mℓ:2本)・箱2個(浅めの物)

- ●ボトルキャップの面同士を合わせて、ビニールテープで固定する。
- ●キャップとボトルをそれぞれ箱に入れます。

ペットボトルのキャップを締めて遊ぶ

面同士を合わせたキャップとペットボトルを手に取り、思い思いにキャップを締めていきます。ペットボトルの組み合わせは自由です。

あそびのコツ
まずは保育者がキャップを締めて遊ぶ様子を見せましょう。

くるくる…

くっつけるぞ～

まわして、まわして…

展開のカギ

ペットボトルの種類(数・形)を変化させてみましょう。

なるほど解説

異なる手の動きを経験する

キャップを締めるとき、片方はキャップを回しますが、もう片方はペットボトルを回します。また、ペットボトルの大きさが異なるので、持ち方や回し方などの変化を遊びの中で経験していくことができます。

キャップをはめ込もうとする子どももいたので、保育者が手を添えて一緒に遊びました。

遊んでみました!

少しの集中力と
バランス感覚を高める!

カラコロドン!

遊びを通して
順序を理解する
積む

準備物

紙コップ6個、ペーパー芯2本、小豆や乾燥コーン　など

- 紙コップに小豆などを入れ、もう1個の紙コップで蓋をして貼り合わせる。
- 装飾してもOK。

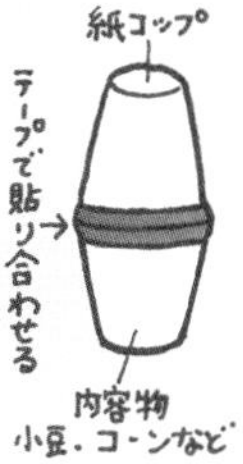

コップ、ペーパー芯の順に積み、倒す

そーっと…

あそびのコツ
初めは保育者が一緒に積んで遊び、次第に見守りに転じましょう。

高く積めると喜び、倒して、繰り返し楽しんでいました!

なるほど解説

遊びの中で達成感と満足感を

単に積むだけではなく、積む順序があります。その順序を理解し、慎重に積んでできたときの達成感と倒したときの満足感、繰り返しまた集中してと、子どもの活動がより豊かになる内容です。

展開のカギ

数を増やして、一斉にみんなで倒して遊んでみましょう。

1·2歳児
0 1 2

片手で入れる？ 両手で入れる？
ちょこっと考えよう！

ひろってポン！

遊びを通して
- つかんで入れる
- 物の大きさを認識する

紙袋にボールを集め段ボール箱に入れる

保育室内にボールをランダムに置きます。子どもは紙袋を持ってボール集めを楽しみ、拾ったボールを段ボール箱の中に入れます。

準備物

紙袋(いろいろなサイズ)、段ボール箱(大)、ボール(カラーボール、ゴムボール、ドッジボール、新聞紙・広告紙を丸めた物　など)

きいろ
あった！
はいるかな？

たくさんのボールを紙袋に入れて大喜びで遊んでいました。近くにあるボールをどんどん入れる子ども、色や大きさを選んで入れる子ども、様々な姿が見られました。

試してみました！

なるほど解説

自分で考えながら楽しむ

片手に紙袋を持ってボールを拾う活動です。小さなボールは片手で拾うこともできますが、大きなボールは紙袋を置いて両手で拾わなければなりません。物の大きさを認識し、自分でどのように入れるかを考えながらボール集めを楽しみましょう。

きいろのボール、
あつめた！

これにする！

あそびのコツ

子どもが持ち運びしやすい袋を用意しよう。

おおきなボール、
みつけた！

ザーッ！

展開のカギ

遊びに慣れてきたら、宝探しの要領で遊んでもおもしろいでしょう。

ピンクのボールを探してね

1・2歳児
0 1 2

指先の感覚遊び

まんまるちゃん

遊びを通して

つかんで入れる
物の大きさを認識する

指先でいろいろな素材に触れて遊ぶ

あそびのコツ
一人になれる場所を選んで環境構成を。

準備物

段ボール板(A4) 3枚、片段ボール、プチプチシート、割り箸、串、ストロー、ミニゼリーカップ、アルミホイル、ガチャポンケース(1/2)、鈴、紙コップ、輪ゴム、ビニールテープ

- それぞれの素材の形を丸(または四角) にそろえて段ボール板に貼り、子どもの手の届く場所に設置する(壁面、ロッカーの裏側、窓　など)。

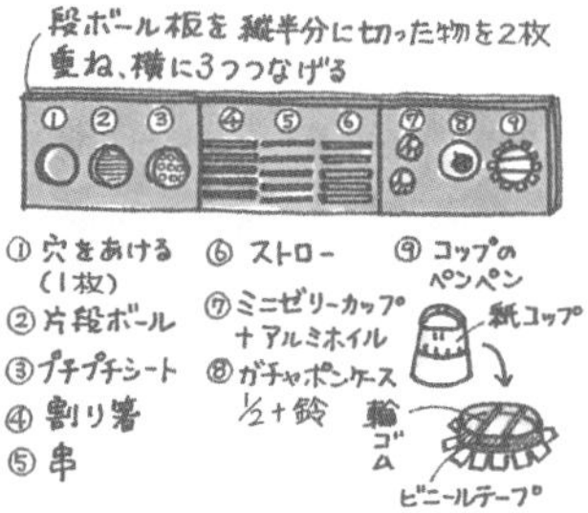

なるほど解説

短時間でも安心できる環境を

指先の刺激や、それぞれの素材の違いに興味をもって遊んでみましょう。短時間でも安心できる空間の中で、素材に触れて楽しむ感覚遊びを経験できるように環境を整える必要があります。

展開のカギ

中の素材を替えたり、場所を変えたりしてみましょう。

1·2歳児
0 1 2

指先を動かしながら、遊びに夢中!

さかみちコロン!!

遊びを通して
転がす
物の動きを目で追う

転がして遊ぶ

スロープに転がして遊びます。どこに転がっていくか目で追いながらじっくり楽しみます。

あそびのコツ
転がす物はカップなどに入れておくと便利です。

どこにいくのかな?

上から転がして、転がった先まで目で追い、喜んでいました♪
試してみました!

準備物

牛乳パック片2枚、ドングリ(ボトルキャップを合わせてビー玉を入れた物でもOK)、積み木(ティッシュケースや保存容器などでもOK)

- 牛乳パック片の中央に定規を置き、両サイドを折ってコの字形のスロープにする。
- 1本のスロープに切り込みを入れて差し込み、2本をつなげてテープで留める。
- 積み木を置き、スロープの土台にする。

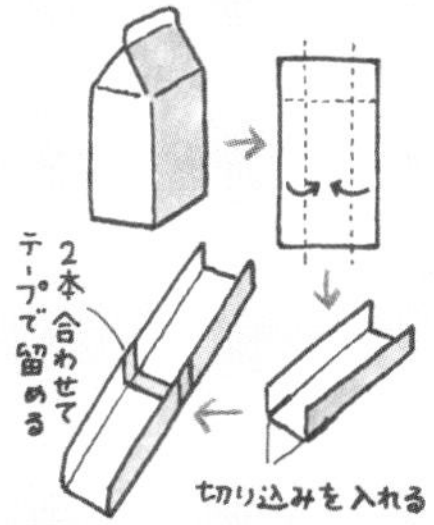

展開のカギ

テーブルを数台準備し、様々な方向に転がるよう環境を整えてみましょう。

なるほど解説

ドングリの動きに夢中に

ボールなどを使うよりも、指先を使ったり、ドングリが不規則に転がる方向を見たりすることが楽しい遊びです。

1·2歳児
0 1 2

キャップを全部入れることができるかな？

キャップでポトーン!?

遊びを通して
指先を上手に使う
子どもなりに考える力を促す

ボトルキャップを入れる

好きなボトルキャップを筒に入れていきます。3つのタイプをうまく組み合わせることができれば、全てのブロックがピッタリ入ります。繰り返し遊んで、挑戦してみましょう。

※筒に入れて遊ぶだけでも十分です。
※誤飲しないように注意しましょう。

あそびのコツ
初めは、トリプルばかりを用意して遊んでみよう。

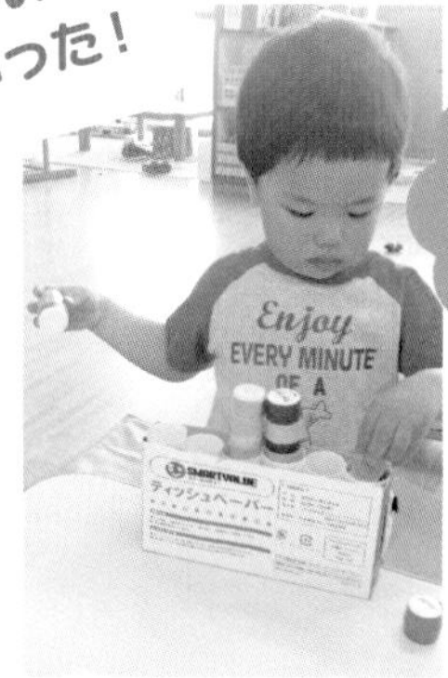

準備物

ティッシュケース（スリムタイプ）、ペーパー芯（6本程度）、ボトルキャップ（48個程度）、ビニールテープ

- ティッシュケースの片側一面を切り取り、ペーパー芯を入れる
- ボトルキャップ2個を合わせビニールテープで留め、ブロックを作る。…Ⓐ
- シングル（Ⓐ）×7個、ダブル（Ⓐを2個つなげる）×4個、トリプル（Ⓐを3個つなげる）×3個を準備します。

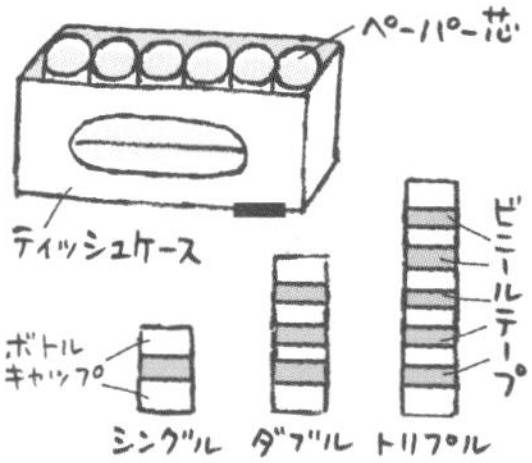

なるほど解説

やり遂げる経験が乗り越える力に

指先を使ってブロックを入れる遊びです。遊んでいくうちに、ブロックの大きさの違いを認識しながら筒に入れていけるといいですね。「ぜんぶはいらないな～」と不思議がる姿が見られるでしょう。全て入れることがゴールではありませんが、やり遂げる経験をすると、少しずつ乗り越える力が身につき、生活の場面に生きるでしょう。

遊んでみました！
どこに入れるか、どの大きさにするか、考える姿が見られました。

展開のカギ

ボトルキャップの中に、小さな鈴や小豆、米粒など、振ると音がする素材を入れてみましょう。

第1章
微細運動

1・2歳児
0 1 2

大きく、小さく…
緩急の動きを楽しもう!

ぐるぐるぐ〜る

遊びを通して
リズムに合わせて
手を動かす

『ピクニック』の替え歌で遊ぶ

1 ぐるぐるぐるぐる ぐるぐるおてて 「ぐるぐるぐる〜」

かいぐりをする。「ぐるぐるぐる〜」で速く回す。(「ぐるぐるぐる〜」は歌詞の間に入れる)

♪ぐるぐる〜

2 おおきくまわそう ぐるぐるおてて 「ぐるぐるぐる〜」

大きくゆっくりと回す。「ぐるぐるぐる〜」で大きく速く回す。

おそびのコツ
「ぐるぐるぐる〜」と力いっぱい回します。

♪おおきく
まわそう〜

3 ちいさくまわそう ぐるぐるおてて 「ぐるぐるぐる〜」

人さし指で小さく回す。「ぐるぐるぐる〜」で同様に速く回す。

♪ちいさく
まわそう〜

4 さいごは おかお 「バーッ!」

いないいないばあをする。

おそびのコツ
テンポとめりはりに気を付けて遊びましょう。

バーッ!

『ピクニック』(作詞・作曲/不詳)のメロディーで　作詞/小倉和人

F
C7
F
C7
F
ぐるぐるぐるぐるぐるぐるおてて
おおきくまわそうぐるぐるおてて
ちいさくまわそうぐるぐるおてて
さいごはおかお 「バーッ!」

なるほど解説

子どもの好きな動きを取り入れて

少しの時間でもみんなで遊べる内容です。子どもの好きな「ぐるぐる回す」動きに変化(強弱)を加えることにより、楽しい表情や一生懸命に手を動かそうとする姿が見られるでしょう。

展開のカギ

「♪おおきく〜」の後に「パンパンパン」と手をたたき、「♪ちいさく〜」の後に「ちょんちょんちょん」と指先を合わせてみましょう。

おおきく〜
パンパンパン
ちいさく〜
ちょんちょんちょん

1・2歳児
微細運動
ぐるぐるぐ〜る

1・2歳児
0 1 2

右手と左手を重ね合わせる動きを楽しもう！

おすしニギニギ

遊びを通して
リズムに合わせて手を動かす
グー、チョキ、パーで食べ物を表現する

『グーチョキパーでなにつくろう』の替え歌で遊ぶ

1番

1 グーチョキパーで

歌に合わせて両手でグー、チョキ、パーを出す。

2 おすしをにぎろう

握るポーズを２回する。

3 なにたべよう× 2

腕組みして、頭を左右に揺らす。

4 みぎてがパーで ひだりてはグーで

弧を描くように右手でパーを出す。左手で同様にグーを出す。

5 タマゴ　タマゴ

歌いながらしっかり握って、最後に「パクッ」と食べるふり。

おそびのコツ
まずは、子どもがよく知っているタマゴのおすしで繰り返し遊んでみましょう。

※『グーチョキパーでなにつくろう』（作詞／不詳　外国曲）のメロディーで
作詞／小倉和人

2番　（右手はチョキ・左手がグー）

6 エビさん　エビさん

1 と同じ。

3番　（右手がグー・左手もグー）

7 わさび　わさび

手はグーのまま泣いたふり。

なるほど解説

リズムに合わせて大きく遊ぶ

グー、チョキ、パーで表現できるおすしを取り入れました。リズムに合わせて両手を大きく動かし目の前で合わせる、この動きを楽しんでください。手の届く範囲をいっぱいに広げて遊んでみましょう。

展開のカギ

「何のおすしにしようかな？」とやり取りをして、違うネタをのせてもおもしろいでしょう。

フープを回すと
ペーパー芯もついてくる!

ぼよよんグルグル

遊びを通して

手を交互に上げ下げ

自分から遊ぼうとする

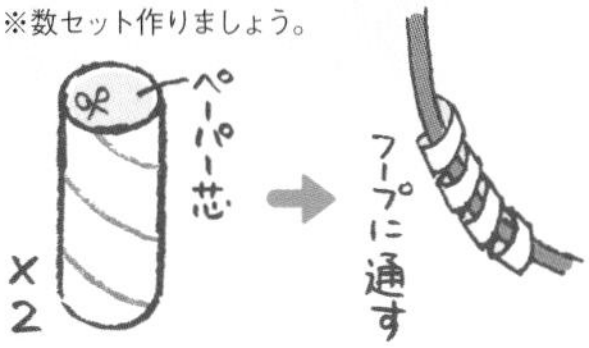

フープを回してペーパー芯の動きを楽しむ

フープを持って回すと、ペーパー芯もついてきます。回す
スピードを変化させて遊びましょう。

準備物

フープ、ペーパー芯2本

● ペーパー芯にらせん状の切り込みを入れ、フープに2本通す。
※数セット作りましょう。

よいしょ!

ゆっくり回したり、
速く回したりして
変化のある動きを
楽しんでいました!

動くでみました!

なるほど解説

手を様々に動かして遊ぶ

フープを回すとペーパー芯がスルスルとついてきます。手を交互に移動させる動きをスムーズにすれば、より速く動きます。フープをつかんで放すという動きも上手にできるといいですね。

ついてきた!

また
ついてきた!

展開のカギ

ペーパー芯に装飾
をしてもきれいです。

あそびのコツ

遊び始めは、ペーパー
芯1本分で遊ぼう。

1・2歳児
0 1 2

剥がして好きな
ラインに並べて貼る！

ならべてペッタン

遊びを通して

指先を使って剥がす

並べて貼る（遊びの規則性）

剥がしては貼ってを繰り返す

養生テープを1枚ずつ選んで、好きな色のビニールテープの上に貼っていきます。同じ色を並べて貼ったり、1本ずつ順番に貼ったりするなどして遊びます。

準備物

ビニールテープ(数色)、養生テープ(数色)

- 壁にビニールテープを縦に貼る。
- 養生テープを5cm程度の長さで切り、角を一か所折り込んでテーブルに貼る(剥がしやすくなる)。

ここにいっぱいはるんだ！

なるほど解説

規則性のある遊びを楽しむ

規則性をもった遊びとして、上から順に貼る、色の並びにルールを決めて貼るなど、一人ひとりの観点が違います。子どもたちが感じ取り、表現する力を発揮できる環境にしていきましょう。

テーブルからテープを上手に剥がして壁に貼り続けていました。何度も繰り返し剥がしたり貼ったりするのが楽しいようでした。

遊んでみました!

うえにも!

あそびのコツ

テープの色は2～3色から始めよう!

こんなにはれた!

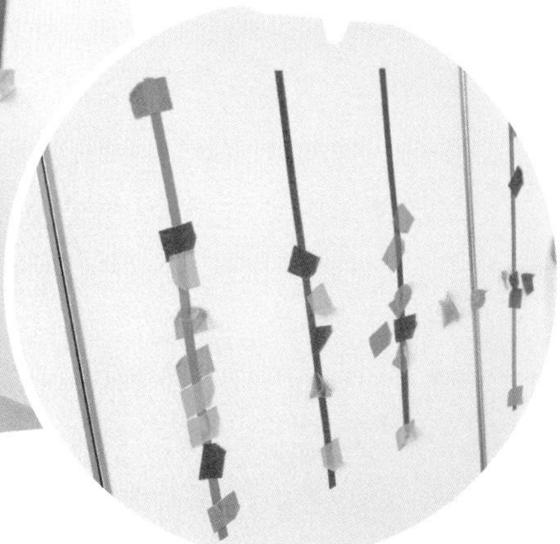

展開のカギ

床にビニールテープを線路のように貼って、始発駅から終着駅までの間を貼り付けてみましょう。

えき
もうすぐえきでーす
えき

玉を持って穴に入れよう♪

どっちかな??

遊びを通して
穴に入れる
玉を放す
色の違いを知る

同じ色の穴に玉を入れる

かごから赤玉と白玉をそれぞれ1個ずつ取って持ち、箱まで走ります。
赤と白の穴にそれぞれの色の玉を入れます。繰り返し遊びましょう。

準備物

玉入れの玉、段ボール箱、色画用紙(赤・白)、かご、マット

- 段ボール箱に玉を入れる穴を2か所あけ、赤と白の色画用紙で縁を付ける。

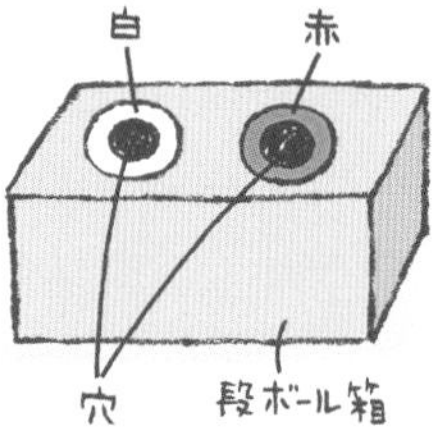

遊んでみました！
最初は玉を穴に入れることが、ただただ楽しそうでしたが、赤い穴と白い穴があることに気付くと少し考えてから入れる姿が見られました。

おそびのコツ
段ボール箱はほどよい距離に置き、玉の数も少なめにして遊びます。

しろは
こっちかな?

あかは
こっち!

なるほど解説

繰り返し遊んで、遊びを理解する

初めは玉を穴にどんどん入れて遊びますが、慣れてくると持っている玉と穴の色に気が付いて、「こっちかな～?」と考えて入れます。遊ぶ回数を重ねていくと「赤はこっち!」と理解した上で入れ、どんどんスピードアップします。玉を取って入れるだけの簡単な内容ですが、子どもが遊びを理解していく姿が分かると思います。見守りながら一人ひとりの姿を認めましょう。

展開のカギ

穴をあけた箱を二つ用意し、距離を離して置きます。片方に赤色の玉を、もう片方に白色の玉を入れてから戻ります。自信をもって取り組みましょう。

子どもの好きな動きで手遊び♪

くるくるチョンチョン

遊びを通して
リズムに合わせて
手を動かす

『サンタクロース』の替え歌で遊ぶ

1 くるくる

かいぐりをする。

2 チョンチョン

人さし指同士を2回合わせる。

3 くるくる

1と同じ。

4 チョンチョン

2と同じ。

あそびのコツ
遊び始めは、ゆっくりのテンポで遊びます。

5 パチパチパチ パチパチパチ

手拍子を6回する。

6 キラキラ

手のひらを振る。

7 チョンチョン

2と同じ。

8 キラキラ

6と同じ。

9 チョンチョン

2と同じ。

10 パチパチパチ パチパチパチ

5と同じ。

なるほど解説

遊びながら生活に必要な活動力を高める

かいぐりは子どもたちの大好きな動きです。また、手や指先を合わせることで生活に必要な活動力を高めるねらいも含まれています。手遊び一つをとっても、たくさんのねらいや効果があることを知り、子どもたちと一緒に楽しく過ごしましょう。

遊んでみました！

最初は保育者の歌や動きを見るだけでしたが、何度も繰り返すうちに自分からまねして楽しむようになりました。

展開のカギ

指をチョキ同士、親指同士などに変えて遊んでみましょう。

※『サンタクロース』（フランス民謡）のメロディーで　作詞／小倉和人

第2章

粗大運動

興味・関心から体を動かす！

バリバリハイハイ

遊びを通して

ハイハイをする
音を楽しむ

0歳児

粗大運動

バリバリハイハイ

いろいろな音を楽しむ

マットの端に座ってから、卵パックの音を鳴らし、楽器の方向に進んでいきます。いろいろな音を出して遊びましょう。

※基本ハイハイですが、よちよちでもいいでしょう。

準備物

卵パック、段ボール板（90～100×50㎝）、布、マット、大型積み木、楽器（タンブリン、鈴、手作り楽器　など）

● 段ボール板に卵パックを敷き詰めて貼り、上から布をかぶせ、マットの中央に置く。
● マットの先に大型積み木を置き、鈴などの楽器をのせる。

バリバリ

あそびのコツ

楽器の方から名前を呼んだり、楽器を鳴らしたりしてみましょう。

身近なもので簡単にでき、すぐに遊び始めることができました。音が鳴ると不思議そうにして、タンブリンを鳴らす遊びなど、夢中になっていました。

パン！

タンブリンや鈴などの楽器　段ボール板に卵パックを敷き詰めて貼り布をかぶせる

大型積み木　マット

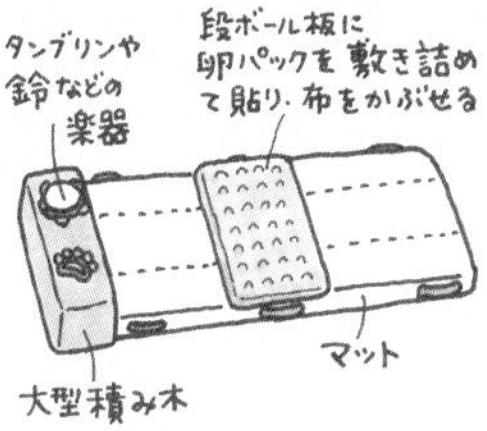

展開のカギ

とび箱の1段目を置き、マットのお山にしてハイハイする距離を延ばしてみましょう。

遊んでみました！

なるほど解説

環境構成として変化させていく

少しの仕掛けを環境構成として整えましょう。初めは卵パックだけで、後に楽器などを使って遊んでみてもおもしろいでしょう。

第2章
粗大運動

0歳児
0 1 2

つかんだり、放したり。
繰り返し遊んで楽しもう!

どっちむいてホイ!?

遊びを通して
握る
つかむ
放す
拾う

箱に入れたボールがどちらから出てくるか楽しむ

カラーボールを持って段ボール箱の上から入れます。左右どちらかの出口からボールが出てくるので、繰り返しボールを拾って入れてみましょう。

よいしょっ!
でてくるかな?
いっぱいでてきた～!

入れたボールがどちらから出てくるか分からないので、出てきていない穴をのぞく子どももいました。

遊んでみました!

あそびのコツ
遊びに慣れてきたら徐々にボールを増やしていきましょう。

準備物

段ボール箱、カラーボール
●図のように段ボール箱を組み立てる。

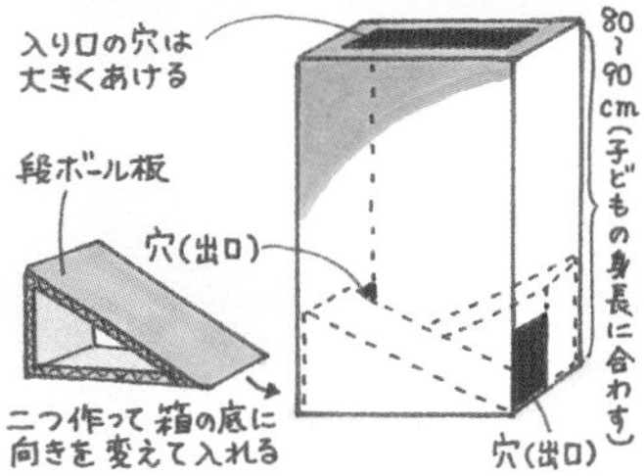

入り口の穴は大きくあける
80～90cm(子どもの身長に合わす)

二つ作って箱の底に向きを変えて入れる

なるほど解説

好奇心をもって遊ぶ

ボールをつかんで入れるだけの単純な活動ですが、繰り返し遊ぶことで「握る」「つかむ」運動を促します。どちらの穴から出てくるか分からない仕掛けもあり、好奇心をもって取り組める遊びです。

展開のカギ

側面にも入り口を作って遊んでみましょう。

第2章
粗大運動

0歳児
0 1 2

倒したらボールがコロン！

おして・ドン

遊びを通して
押す力をつける
（倒すとどうなるのか）期待感をもつ
遊びの見通しをもつ

土台を倒す

土台を力強く押して倒すと、箱からボールが出てきます。

よいしょっ！

ドーン

おそびのコツ
程よい重さの積み木を入れよう。

準備物

土台(ウレタン積み木、ペットボトルに水を入れて段ボール箱の底に固定した物など)、カラーボール、段ボール箱、布テープ

- 段ボール箱にカラーボールを入れ、土台の上に布テープで固定する。

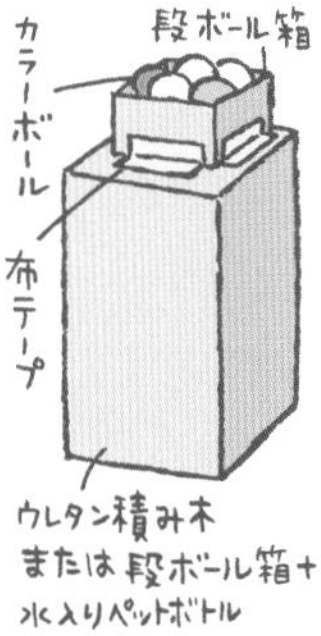

なるほど解説

遊びを通して成長する

土台を押し倒し、箱の中からボールが出てきたときに、驚きとおもしろさが湧き立ちます。楽しさのツボに入り、子どもが自らやってみようとする姿は、遊びを通して成長していく姿です。この遊びを基準に、連続性をもたせていけるといいでしょう。

展開のカギ

ボールを入れてから、段ボールを倒す遊びへと展開してみましょう。

よいしょ！

遊んでみました！

倒すとボールが上から出てくることに興味津々で、ボールの行く先をジッと見たり、追い掛けたりしていました。

手を調整しながら上手に入れてみよう！

バトンでヨイショ！

遊びを通して
輪を入れる
手を上手に動かす

バトンをカラー標識に入れて遊ぶ

子ども一人ひとりにバトンを手渡します。「よーいドン！」の合図で、バトンをカラー標識に入れます。繰り返し遊んでみましょう。

遊んでみました！

低月齢児は、保育者がカラー標識に入れるのを見せると自分からやってみようとする姿が見られました♪

あそびのコツ

保育者がカラー標識の近くにいると、目標が分かりやすいでしょう。

準備物

円形バトン(新聞紙1枚を巻いて、輪(直径15～17㎝) にした物でもOK)、カラー標識(2～3本)

なるほど解説

生活に必要な動きを促す

輪を棒状の物に入れるためには、手を上手に動かし、距離感を測らなければなりません。こうした動きは、手に持った物を口へ運ぶ、ボールを穴へ入れるなど、必ず生活の中で必要になってきます。遊びの中でそのような動きを促していきましょう。

展開のカギ

- バトンに鈴を付けて遊ぶと楽しいでしょう。
- カラー標識を増やしてみましょう。

手足で触れて楽しみ、
耳で音を楽しむ

さくさくハイハイ

遊びを通して

ハイハイをする
感覚や音を感じる

マットを越え、ポリ袋を渡って遊ぶ

ハイハイで、マットからポリ袋を渡り、向かいのマットへ進みます。ペットボトルの上やポリ袋に乗ったときの感覚や音などを楽しみましょう。

準備物

マット2枚、ペットボトル2ℓの底同士をつなげた物4本(キャップなし)、新聞紙を軽く丸めて入れたポリ袋

- ポリ袋とペットボトルを床に養生テープなどで貼り付ける。
- ポリ袋を挟み込むようにしつつ、ペットボトルの上にマットを置く。これを2か所準備する。

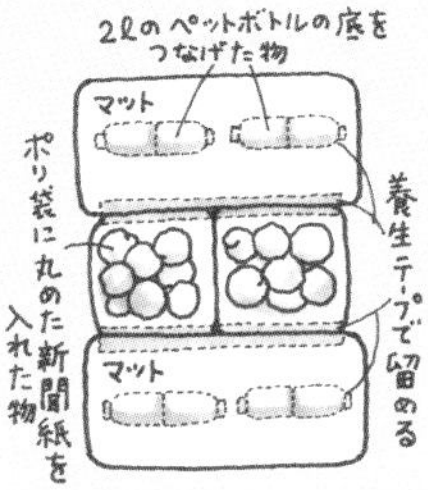

なるほど解説

様々な感覚を楽しむ

子どもの手や足、耳を使って、ペットボトルやポリ袋、新聞紙などの様々な感覚遊びを楽しめる内容になっています。環境を整えて十分に遊べるようにしていきましょう。

あそびのコツ

保育者が鈴などを鳴らしながら名前を呼んでもいいでしょう。

展開のカギ

新聞紙の量を変えて、硬め・柔らかめと、めりはりをつけてみましょう。

第2章
粗大運動

0・1歳児

0 1 2

おやっ？ なんかいつもと違う…

パックポコポコ

遊びを通して
ハイハイをする
感覚を楽しむ
バランス感覚

マットの下にブロックを置き、凸凹を楽しむ

おそびのコツ
準備している様子を見せましょう。

くっつけて並べて…

小さなお山

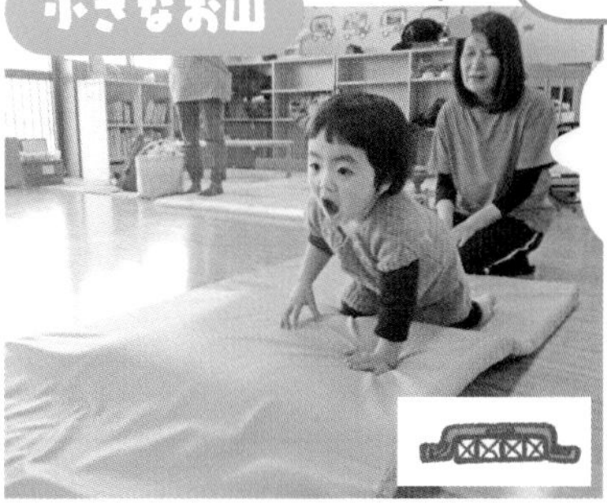

ふわふわしてる～

ハイハイで進み、柔らかい感覚を楽しみます。

等間隔に離して…

デコボコ道

デコボコみち！

まずはハイハイで。できたら歩いてバランス感覚遊びをします。

2段に積み重ねて…

大きなお山

おやまのぼるよ！

ハイハイまたは歩いて進みます。

※P.113の『パックポコポコ2』も遊んでみましょう。

準備物

牛乳パック（16個）、柔らかめのマット

- 牛乳パック同士を差し込む …Ⓐ
- Ⓐを2つ作り、布テープでつなげて牛乳パックのブロックを作る …Ⓑ
- Ⓑを4本作り、マットの下に置く。

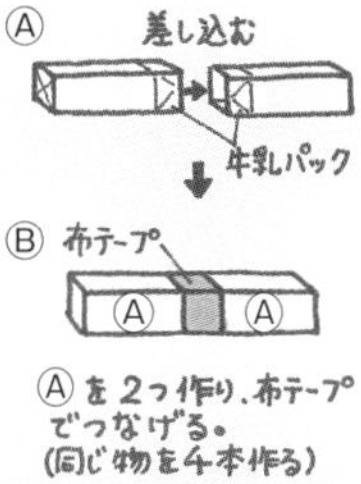

なるほど解説

いつもと違う感覚を楽しむ

手のひらや足の裏で牛乳パックの柔らかさを感じる楽しい遊びです。積み木やとび箱とは少し違った感覚と、細かなバリエーションを楽しむことができます。

展開のカギ

並べて置いたり、間を空けて置いたり…。ブロックの配置を工夫して、遊びに変化をつけてみましょう。

ハイハイでトンネルをくぐり、
お山を越える!

トンネル山

遊びを通して
粗大運動を十分に楽しむ

トンネルをくぐってお山をハイハイで上る

ハイハイで入り口のトンネルをくぐり、お山を上っていきます。
お山を下りたら、出口のトンネルから出ます。

準備物

マット、とび箱(ウレタン積み木でもOK)、フープ(直径50～65㎝程度)

展開のカギ

- トンネルとお山の間に積み木を置き、デコボコ道にしてみましょう。
- 新たにマットをかぶせて、道を延ばしてもいいでしょう。

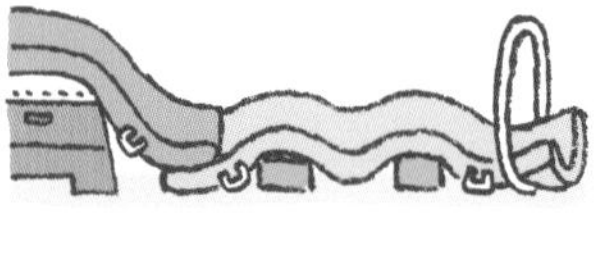

なるほど解説

バランスの良い歩行を促す

フープのトンネルがあることで、初めから最後までハイハイで進むことができます。膝と手を前に動かすことは、バランス良く歩くことにつながります。少しでも、毎日同じ時間帯に行なうことで、子どもたちの生活の一部として浸透していくでしょう。

スタート！

よいしょ、よいしょ

あそびのコツ
初めは、入り口・出口を
作らずマットだけにする。

おりるぞ～！

マットのお山を準備すると、す
ぐにハイハイで上り始めてい
ました。トンネルがあることで、
いつも立って上る子どももハイ
ハイ運動を十分にすることが
できました。

やってみました！

ただいま～

自分のチカラで上る！

おいっちに！おいっちに！

遊びを通して

- 片足ずつ上り下りする
- 手を前に出してハイハイで上り下りする

0歳児 ハイハイで。

あそびのコツ
少ない段数から始めてみよう。

準備物

マット、大型積み木

- 大型積み木を積んで階段をつくり、周囲にマットを敷く。

1歳児

片足ずつ（1段ごとに両足をそろえる）、または右足・左足を交互に出して。

※壁際に設定すると、手をつきながら進むことができます。

月齢によってスイスイ上る子ども、一歩ずつ慎重に進む子どもなど、様々な姿が見られました。

遊んでみました！

なるほど解説

遊びながら階段の上り下りを習得する

ハイハイの0歳児は、1段ずつ手を掛けて膝を上げて上ります。手から下りることで高さが認識できるでしょう。しっかりと歩ける1歳児には、右・左と交互に足を運ぶように促せるといいですね。子どもによっては、1段1段ゆっくりと下りる子どももいます。繰り返し遊ぶうちに、交互に足を変えて上り下りできるようになるといいでしょう。

展開のカギ

マットのお山など、サーキット形式にして遊んでみましょう。

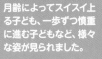

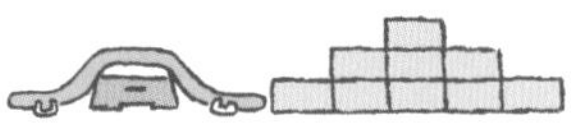

進もうとする力と
ブレーキ感覚を養う！

のぼって～おりて～

遊びを通して

坂道を上って下りる
足を踏ん張る

坂道を上って下りる

一方向から坂道を上って下ります。タイプ①とタイプ②で遊んでみましょう。

※ハイハイやよちよち歩きでもOK。
※上り切った後は、体を反転させて足から下りるのか、それとも前からブレーキをかけて下りていくのか、経験を積むことで慣れてくることでしょう。

準備物

とび箱、ロイター板、園児用イス

タイプ①

- とび箱を中央にロイター板を山になるよう2個設置し、上からマットを掛ける。

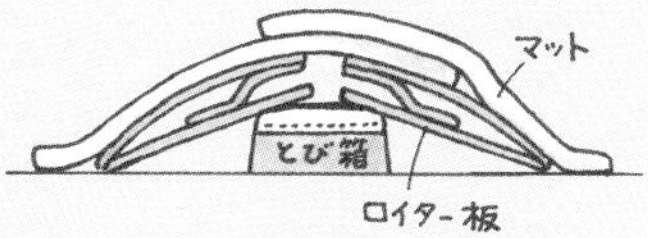

タイプ②

- 園児用イスを2脚並べ、とび箱、ロイター板を設置し、上からマットを掛ける。

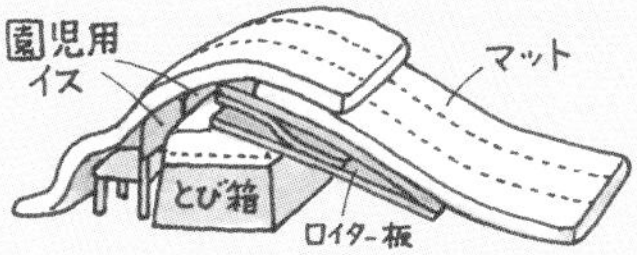

あそびのコツ

保育室の壁際で遊んでみるのもいいでしょう。

展開のカギ

とび箱の段数を増やしましょう。

なるほど解説

足を踏ん張る活動を取り入れる

普段の生活では、足を踏ん張る活動が減少しています。このような環境を構成し、毎日数分遊ぶだけでも、育つ部分は大きいでしょう。また階段の上り下りなどの活動にもつながっていきます。

自分よりも大きな箱を動かす!

ハコオシ・はこひき

遊びを通して
押す
興味をもって引く

大きな箱を押したり引いたりする

段ボール箱を自由に押して動かしてみましょう。取っ手に気が付いたら、引いて遊んでみましょう。

準備物

子どもよりも大きなサイズの段ボール箱、手提げホルダー、荷造りひも
- 段ボール箱の一面に手提げホルダー二つを取り付け、取っ手を作る。

あそびのコツ
手提げホルダーは子どもが弾きやすい位置にしましょう。

なるほど解説

押す・引く経験を

自分より大きな段ボール箱を動かせたら、驚きとうれしさが表情に出て、何度も繰り返そうとするでしょう。また、取っ手を引いて、動かすことを同時に経験してみるのもいいでしょう。

なにこれ?

よいしょ、よいしょ

展開のカギ

箱の大きさや重さを変えてみましょう(積み木や水入りのペットボトルを入れる　など)。

遊んでみました!

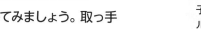

大きな段ボール箱が出てくると、すぐに押して遊び出していました。特に、月齢の高い子どもはスピードを出して楽しんでいました♪

0・1歳児
0 1 2

興味をもって自分から遊びに行こう!

コロンとバ〜ッ!

遊びを通して
持ち上げる

カラー標識を倒して玉を見つける

初めは保育者がカラー標識を「コロン!」と言いながら倒し、玉があれば「バ〜ッ! あったー!」と大喜びします。子どもが倒したときに、玉があれば「バ〜ッ! あったー!」、なければ「あれ〜っ??」などと声を掛けます。繰り返し同じように倒してみましょう。

あそびのコツ
カラー標識を倒せないときは保育者が援助しましょう。

準備物

カラー標識(小さめ)、
玉入れの玉

- カラー標識の中に玉入れの玉をランダムに入れる(5本中3本くらいが目安)。

あるかな?

※カラー標識は持ち上げてもいいでしょう。

あった!!

ないっ!!

なるほど解説

発達を考えた運動の導入として

遊びへの理解が進むにつれ、体がしぜんと動いていきます。これからの発達を考えると、手先を使う・全身を動かすなどの運動へつながりをもたせていくこともいいでしょう。

展開のカギ

カラー標識同士の距離を離します。

電車になって動く！

ガッタン・ゴットン

遊びを通して
フープに入って目的地まで行く

フープの電車に乗って向こう側の駅まで進む

準備物
フープ、マット、大型積み木

0歳児はフープの中に入り、保育者が後ろからフープを持って進みます。1歳児は自分でフープを持って進みましょう。積み木を乗り越えて向こう側の駅(マット) まで行き、着いたら電車から降りて座り、友達の様子を見ます。一人ずつ進み、全員が駅に到着したら再スタートします。

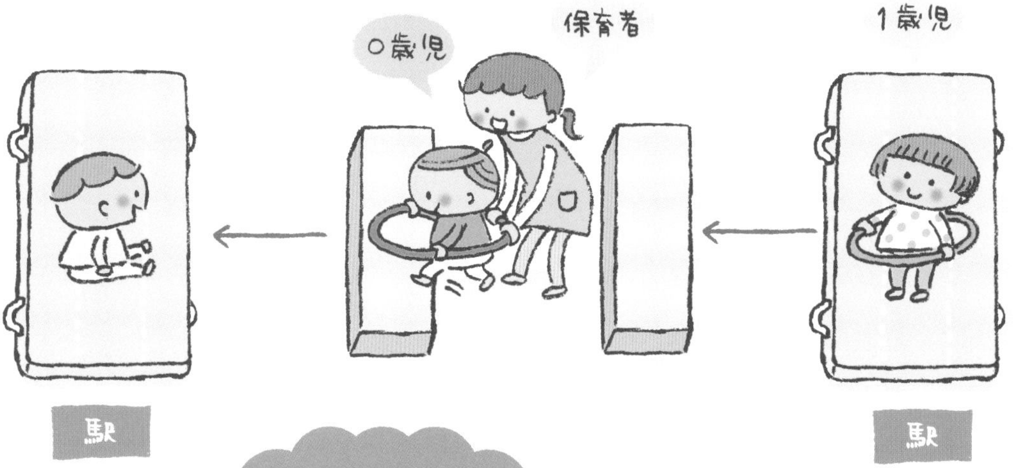

遊んでみました！

自分からフープを持って電車ごっこを楽しみました。積み木の前で立ち止まっていた子どもも、一度乗り越えることができると次からは意欲的に遊んでいました。

0歳児

スタート！

よいしょっ！

あそびのコツ

マットと積み木の間を十分に空けておこう。

1歳児

でこぼこみち～！

なるほど解説

積み木の昇降運動が楽しい

向こう側のマットまで行くことを理解したり、見通しをもてたりすると、自分から進んで遊ぶようになるでしょう。積み木の昇降運動は、これまでに経験の積み重ねがあると軽やかにできます。経験が浅い子どもも保育者と一緒に行くと、上って下りる活動が楽しくなり、何度も繰り返し遊ぶでしょう。

展開のカギ

保育者が新聞棒などを持って踏切役をすると、場の雰囲気が盛り上がります。

赤信号です！

体を大きく動かして遊んでみよう！

わっかが ぐるりん

遊びを通して
腕を大きく動かす
体を伸ばす
かがむ

フープに沿って輪を動かして遊ぶ

保育者がフープを持ち、子どもはフープに沿って輪を一つずつ移動させます。全部移動したら、繰り返し遊んでみましょう。

※保育者は正面に座り、関わりをもちながら遊べるといいですね。

準備物

フープ(直径65㎝程度)、新聞紙、ビニールテープ

- 新聞紙を巻いて棒状にし、ビニールテープで巻く。…Ⓐ
- Ⓐをフープに通してからビニールテープで両端を留めて輪にする。

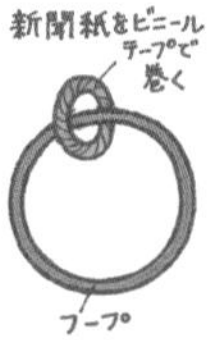

よいしょ！

うえまできたよ～

またさがるんだ！

あそびのコツ
保育者が実況しながら進めるとやる気もUP！

なるほど解説

大きな動きを経験する

輪っかを下から上に上げ、また下へ下ろすので、大きな動きを促すことができます。遊びを通して伸びたり縮んだりする体の動きを経験してみましょう。

展開のカギ

- 反対方向にもチャレンジしてみましょう。
- フープの大きさを変えてもおもしろいでしょう。

第2章
粗大運動

0·1歳児
0 1 2

よし、行ってみよう！
好奇心でどんどん進もう！

トンネルくぐってばぁ〜！

遊びを通して
ハイハイをする
くぐる

トンネルをくぐって遊ぶ

まずはⒶのトンネル一つから始め、慣れてきたらⒶ＋Ⓐ、Ⓐ＋Ⓐ＋Ⓑとつなげていきます。最後はⒷのスズランテープの出口をゴールにします。

※一つひとつのトンネルを経験する過程が大切です。少しずつ難易度を上げていく方が、子どもの育ちがスムーズになるでしょう。

準備物

段ボール箱（子どもがくぐれる大きさ）同じサイズ3個、スズランテープ（布を帯状に切った物でもOK）

- カラー標識の中に玉入れの玉をランダムに入れる（5本中3本ぐらいが目安）。

あそびのコツ

反対側からのぞいて目が合うと、次第にトンネルを認識できるようになってくるでしょう。

つなげて

ゴール！！

なるほど解説

トンネルで思い思いに遊ぶ

興味・関心をもって自ら進んで取り組むことができる環境づくりが必要です。月齢の違いで運動発達の差も大きいので、トンネルを一つ準備するだけでも、子どもは自分の思いを活動の中で表現していけるでしょう。

展開のカギ

トンネルを増やしたり、段ボール箱の内側に仕掛けを作ってみましょう。

仕掛け例

- アルミ箔を貼る。
- 卵パックを敷いてプチプチシートをかぶせる。

など

0·1歳児

0 1 2

大きなマットにフープを入れ込む♪

フープぽとん…

遊びを通して

物の大きさを感じながら、力を発揮する

マットにフープを入れる

体を伸ばしたり、積み木に上ったりしてマットにフープを入れます。何度も繰り返し遊びましょう。

※フープを一人で持つことができない子どもには保育者が援助しましょう。

準備物

マット、短縄、大型積み木、フープ
- マットを巻き、短縄で縛る。
- 巻いたマットの周りに大型積み木を置く。

※マットはフープの直径よりも小さくなるように巻き、自立させます。

はいった！

おそびのコツ

フープがスムーズに入るマットの大きさにします。

遊んでみました！

1歳児は自分でフープをしっかり持って入れようと体を伸ばしていました。0歳児は保育者が補助しながら自分で入れようと体を伸ばしていました。

展開のカギ

スタート位置から走って行き、フープを取って入り、元の位置に戻ります。

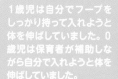

なるほど解説

運動機能をうまく使って力を発揮する

自分よりも大きなマットに、体を伸ばしてフープを入れるというチャレンジです。子どもたちが運動機能をうまく使い、自分の力を発揮できるよう促せるといいですね。友達の姿を見て「ぼくもやってみる！」と気持ちを前に向けることも大切です。

活動的な運動能力を育てる!

ガ・ガ・ガッ!

遊びを通して
手を前について、足を踏ん張る
押して前に進む

とんがり押し車で玉を分けて進む

保育室に玉入れの玉などをランダムに置きます。とんがり押し車を押して玉の方に進むと、とがった部分から左右に玉が流れていきます。

※玉の動きを見て楽しみましょう。たくさん集まっている所やひとつの所に当てて楽しみます。

準備物

牛乳パック、玉入れの玉(新聞紙のボールやお手玉でもOK)たくさん
- とんがり押し車を作る。

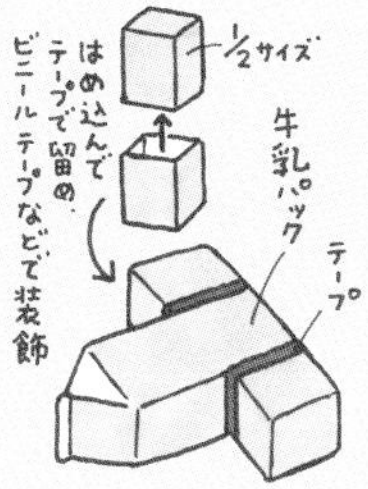

いくぞ~!
あそびのコツ
玉がたくさんあるからこそ楽しめます。

なるほど解説

生活に必要な体の動きを取り入れる

手をつく、前に進む、目を前に向ける、足の裏でしっかり踏ん張る、腰を入れるなど、これから経験していく遊びや生活に必要な体の動きが入っています。小さな目標を立てて進むことが大切でしょう。

遊んでみました!

押し車の方向を変えると玉の集まり方が違い、方向を変えて遊んでいました!

展開のカギ

ホールや廊下など、長い距離を動けるようにしてみましょう。

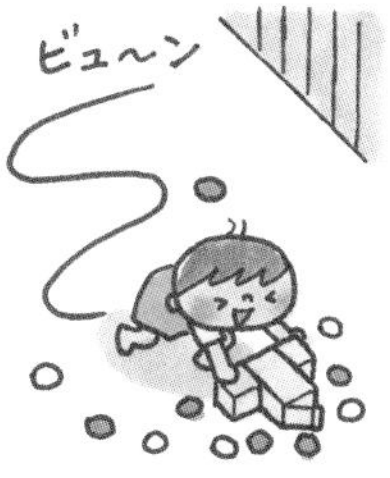

立ったり寝転んだり、
体をいっぱい動かそう！

おおきなどんぐり・ちいさなどんぐり

遊びを通して
歌に合わせて体を動かす

『とうさんゆびどこです』の替え歌で遊ぶ

❶ おおきなどんぐり どこです

ひざを2回たたき、手を2回たたく。これを2回する。

あそびのコツ
リズムはゆっくりと。

❷ ここよ　ここよ

両手を大きく振る。

❸ ごきげんいかが ありがとげんきです ではまた　さよなら

リズムに合わせてジャンプをする。

❹ ちいさなどんぐり　どこです ここよ　ここよ

❶❷と同じ。

展開のカギ

ジャンプ、転がる部分を変えて遊んでみましょう。

❺ ごきげんいかが ありがとげんきです ではまた　さよなら

寝て転がる。

なるほど解説

歌遊びの中で体を動かす

自分の体を小さくしたり大きくしたりと、歌遊びの中でしぜんに体が動く遊びです。この年齢でも認識できる「ドングリ」をモチーフに遊んでみましょう。

『とうさんゆびどこです』（作詞／不詳　外国曲）のメロディーで　作詞／小倉和人

F
C7
F
C7
F
1. おおきなどんぐり　どこです
2. ちいさなどんぐり　どこです
ここよ　ここよ
ごきげんいかが
ありがとげんきです
ではまた
さよなら

1歳児
0 1 2

ジャンプや着地の運動機能アップ！

いけるかな〜？

遊びを通して
- ジャンプして着地する
- 遊びに見通しをもつ
- 好奇心をもって取り組む

長イスを橋に見立てて渡って遊ぶ

自分で長イスに上り、渡るときは異年齢児に手伝ってもらいます。下りるときは、両手を持ってもらって降りましょう。

準備物

長イス（大型積み木を重ねてもOK）、巧技台（とび箱、園児用イスでもOK）

●長イスと巧技台を組み合わせて橋にする。続けて遊べるように複数用意する。

あそびのコツ

異年齢児とのやり取りを楽しみながら遊びましょう。

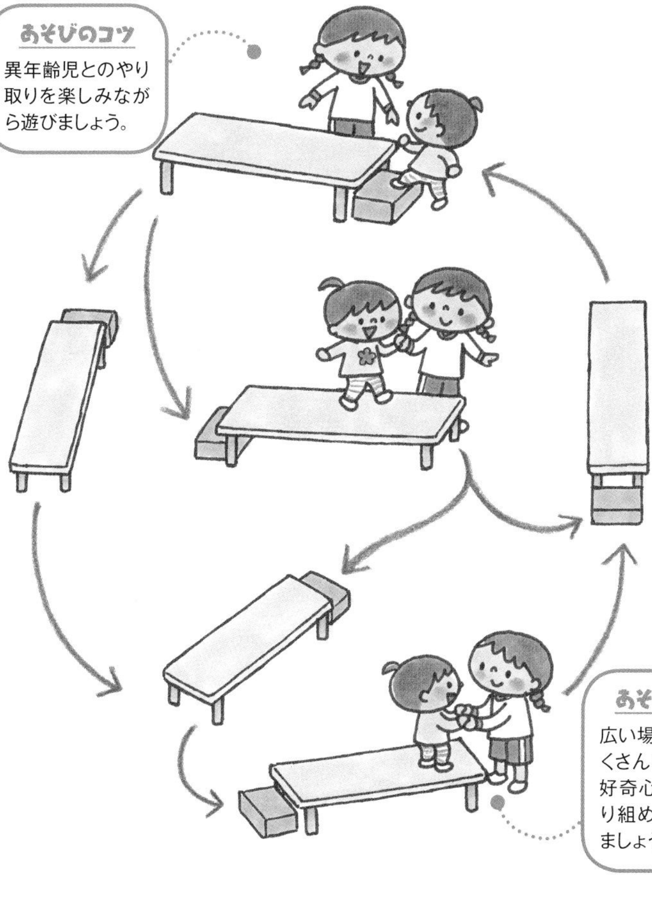

あそびのコツ

広い場所に橋をたくさん準備します。好奇心をもって取り組めるようにしましょう。

なるほど解説

ジャンプして着地の繰り返し

ポイントは両足でジャンプして着地することです。これを繰り返していきます。そのときに、自分で選んだルートを楽しむことで、目的意識や見通しをもって遊ぶ促しにもなるでしょう。

展開のカギ

大型積み木や、とび箱、巧技台などを組み合わせても楽しいでしょう。

1·2歳児
0 1 2

大きく動いて、小さく動いて、最後は落ち着きの姿！

ツンツンし〜っ！

遊びを通して
屈伸運動
遊びの中で体の部位を覚える

『あたまかたひざポン』の歌で遊ぶ

① あたまかたひざポン　ひざポン　ひざポン　あたまかたひざポン

「あたま」で頭に手を当て、しゃがんで立つ。「かた」「ひざ」も同様にし、「ポン」で手拍子をする。

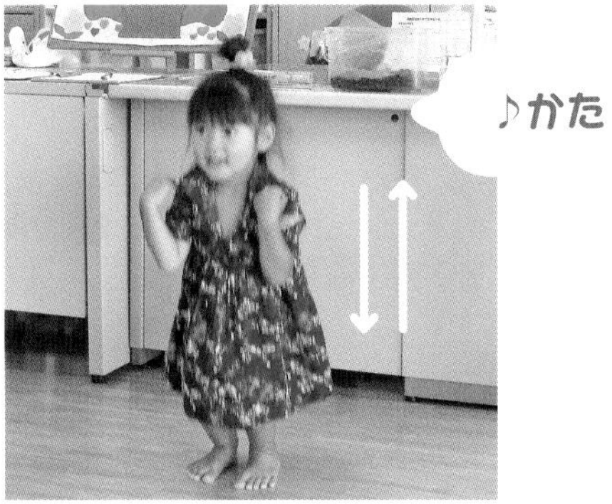

『あたまかたひざポン』（作詞／不詳 イギリス民謡）

❷ め　みみ　はな　くち

め

双眼鏡のようにのぞく。

みみ

耳に手を添える。

遊んでみました！
最後の双眼鏡やてんぐのポーズも保育者のまねをして楽しんでいました。

はな

てんぐのまねをする。

くち

し〜っ！

口元に人さし指を添える。

あそびのコツ

大きな動きと小さな動きのめりはりをつけよう。

なるほど解説

大きな動きと小さな動きの組み合わせが楽しい

なじみの曲に合わせて大きくダイナミックに動くので、いつもとは違う良い感覚を得られます。小さな動きの手遊びに、双眼鏡やてんぐのポーズなど、ちょっとした動きを加えることで楽しめるポイントになります。

展開のカギ

「♪ポン」を「♪ピョン」にしてジャンプしてみましょう。

えんとつを倒したらボールがころり

えんとつマット・ポテン！

遊びを通して
自分より大きい物を倒す
好奇心をもって遊びに取り組む

1. マットを倒す

一人ずつマットに向かって進み、えんとつマットを手で押して倒します。

あそびのコツ
繰り返し遊んでみましょう。

準備物

マット2枚、短縄、ボール、かご

- マット1枚を巻いて短縄で結び、えんとつマットを作る。
- えんとつマットをもう1枚のマットの上に立て、中にボールを入れる。

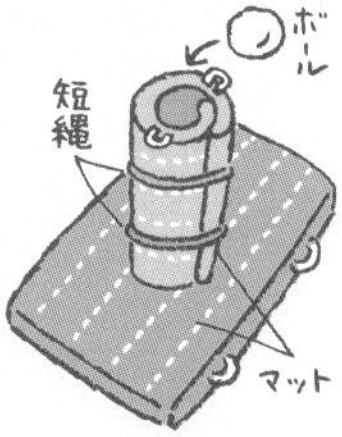

2. ボールを拾ってかごに入れる

中から出てきたボールを拾って戻り、かごに入れます。
※初めは見ているだけでもいいでしょう。自分のタイミングで参加できるように、じっくり取り組みましょう。

聞いてみました！
繰り返し遊ぶと、力いっぱい倒すことができました！ 中から出てきたボールを見て喜んでいました。

なるほど解説

「やってみよう」という気持ちにつながる

最初は、自分よりも大きなマットを少し怖がるかもしれません。しかし、保育者がマットを力いっぱい押す姿を見て、マットが倒れることに驚いたり、中からボールが出てくることに喜びを感じたりするでしょう。その瞬間、自分からやってみようという気持ちにつながります。

展開のカギ

マットを簡単に倒すことができるようになってきたら、保育者がマットを持って倒れないように少し力を入れてみましょう。

1・2歳児
0 1 2

えっ？ 座るの？ 立つの？

みんなで おっちんとん！

遊びを通して

よく聞いて行動する

音楽に合わせて体を動かす

あそびのコツ

「たって、たって！」を急いですると楽しさが増します。

『ごんべさんのあかちゃん』の一部替え歌で遊ぶ

① ごんべさんの　あかちゃんが

あそびのコツ

保育者も子どもと一緒に遊びましょう。

手拍子をする。

② おっちんとん　「たって、たって！」

おっちんとん

座る。

たって、たって

子どもと一緒に言いながら立つ。
①～②を更に2回繰り返す。

③ ごんべさんの あかちゃんが

①と同じ。

④ すわりません！

座らずに立ったまま。

⑤ ん？！

子どもと一緒に不思議そうに言う。

「おっちんとん」は関西の言葉で、「座りましょう」の意味です。それぞれの地域の言葉に入れ替えて遊んでみましょう。

展開のカギ

2歳児では座るときの動作をジャンプやゴロンと寝るなどに替え、動きを大きくしてもおもしろいでしょう。

なるほど解説

歌に合わせて楽しく体を動かす

歌に合わせて体を動かすことを十分に楽しみましょう。耳でよく聞いて、よく考えてから行動する一連の活動は、とても大切な運動になるでしょう。

※『ごんべさんのあかちゃん』（作詞／不詳 アメリカ民謡）のメロディーで　一部作詞／小倉和人

いろいろな動きをして楽しもう!

ドンぶらフリフリ

遊びを通して
音楽に合わせて体を動かす

『キャベツはキャ』の替え歌に合わせて遊ぶ

あそびのコツ
遊び始めは、ゆっくりしたリズムで行ないましょう。

**1 あしふみ
ドン ドン ドン**
足踏みをして音を鳴らす。

♪ドンドンドン

**2 りょうあし
ジャンプ ジャンプ
ジャンプ**
両足ジャンプを3回する。

**3 おしりを
フリ フリ フリ**
お尻を大きく振る。

♪フリフリフリ

**4 からだを
ぶら ぶら ぶら**
頭、手首、足首、お尻を振る。

なるほど解説

楽しく遊びながら発達を促す

力強く踏む、両足をそろえてジャンプするなどは、子どもの発達にとって重要な運動要素になります。お尻をフリフリしたり体をぶらぶらしたりするのは体をほぐす意味合いもあり、子どもたちが楽しめるポイントとなるでしょう。

展開のカギ

足踏みやジャンプで前に進んでみましょう。活動量が増えて更に楽しくなります。

♪ジャンプ ジャンプ
ジャンプ

『キャベツはキャ』 (作詞・作曲/不詳) のメロディーで 作詞/小倉和人

C
G7
C
G7
C
あしふみ ドンドンドン りょうあし ジャンプジャンプジャンプ おしりを フリフリフリ からだを ぶらぶらぶら

1·2歳児
0 1 2

目で見て追い掛ける!

コロッとキャッチ!

遊びを通して
ボールを転がす
ボールを追い掛けて拾う

ボールを転がして、追い掛ける

坂の上からボールを転がします。転がったボールを見て追い掛けて、拾ったら元の場所に戻ります。繰り返し遊んでみましょう。

準備物

斜面板やロイター板(段ボール板を重ねた物でもOK)、ボール(ゴムボール　など)、マット、とび箱(1段)

- とび箱に斜面板を立て掛け、坂を作る。
- ボールが転がる先にマットを立てる。

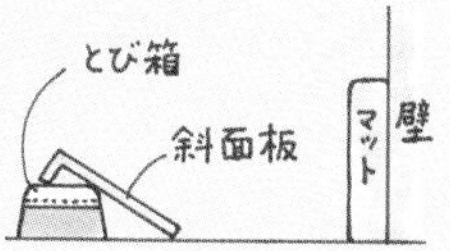

あそびのコツ

子どもが転がすことに興味をもてば促してみましょう。

なるほど解説

興味・関心から運動へ

遊び始めは転がるボールを見ているだけかもしれません。しかし、興味・関心が出てきたら体を動かして拾いに行くので、しぜんに運動量も増えていくでしょう。

遊んでみました!

保育者が転がすのを見て、しぜんと自分で転がし、拾いに行けるようになりました!

展開のカギ

- 壁までの距離を離します。
- 箱を置いて、入れることを楽しんでもおもしろいでしょう。

第2章
粗大運動

1・2歳児
0 1 2

おなかと背中のチカラを身に付けよう！

でんでんぺったん

遊びを通して
- ハイハイをする
- 音楽に合わせて体を動かす
- 全身運動

『かたつむり』の歌で遊ぶ

1 でんでんむしむし　かたつむり

♪でんでんむしむし

ハイハイで進む。

あそびのコツ
「ぺた～ん」はおもしろく表現しましょう。

ぺた～ん

体を伸ばして寝そべる。

2 おまえのあたまは どこにある 「ぺた～ん」

1 と同じ。

3 つのだせやりだせ　あたまだせ 「にゅ～っ！」

にゅ～っ！

ハイハイで進んだ後、人さし指を立てて目玉に見立て、立ち上がり背伸びをする。

展開のカギ

「ぺた～ん」の後、「ゴロゴロ～ン」と転がってみましょう。

ゴロゴロ～ン

なるほど解説

ハイハイから全身運動へ

ハイハイは子どもにとって非常に重要な活動の一つです。そこに「寝そべる」「起きる」などの動きを取り入れることで、腹筋や背筋への刺激を促します。最後に背伸びをすることでストレッチにもなり、短時間で全身運動をすることができます。

※ゆっくり歌って遊んでみましょう。　※『かたつむり』（文部省唱歌）

1・2歳児
0 1 2

腕で支える力を促そう！

おイスでヨイショヨイショ

遊びを通して
腕で体を支える

腕支持あそびをする

長イスの端に座って手を伸ばし、手のひらを広げて体を支えながらお尻をこするようにして前に進みます。端まで行ったら、最後は巧技台に立ってジャンプをします。繰り返し遊びます。

準備物
長イス（大型積み木でもOK）、巧技台、マット

なるほど解説

遊びながら腕支持感覚を身につける

自分の体を腕で支えることはまだ難しい年齢ですが、運動発達の「腕支持」は生活の中で頻繁に使います。遊びながら備わってくるといいですね。

よいしょ、よいしょ！

あそびのコツ
間を空けて進み、じっくり遊びましょう。

展開のカギ
ジャンプの後にマットなどを置いて、サーキットにしてみましょう。

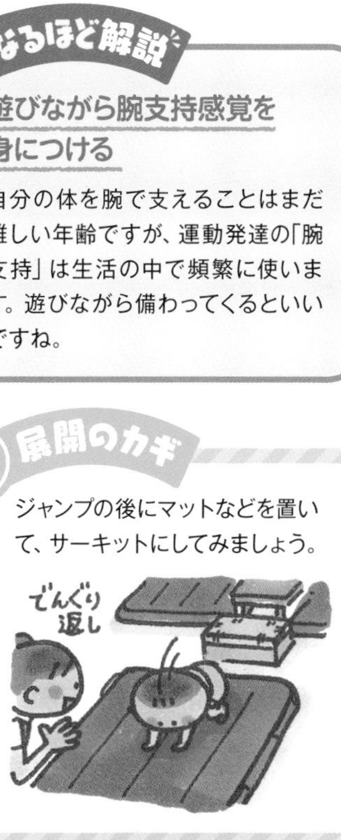

体を動かす、タッチするのが楽しい♪

うごいてタッチ

遊びを通して

四肢をしっかり動かす

保育者と関わりを深める

体全体を使って遊ぶ

準備物

マット

マットに座り、合図で粗大運動（ハイハイ、高ばい、歩く、走るなど）をします。
保育者とタッチをしたら、元のマットに戻り、繰り返し遊びます。

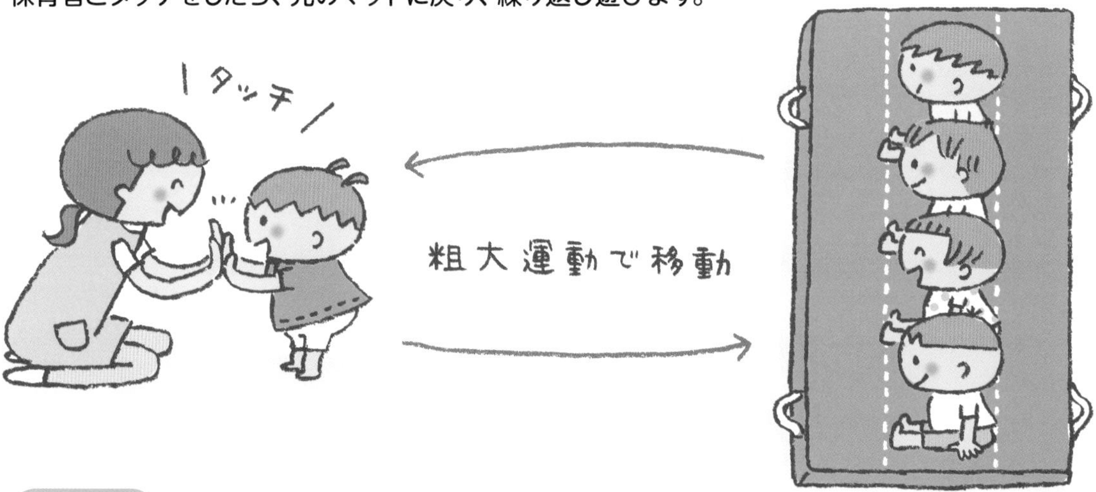

ハイハイ

高ばい

あそびのコツ

保育者も子どもと一緒にやってみよう。

歩く

走る

なるほど解説

運動の基礎をつくり、関係性を深める

四肢を使って体を動かすことは非常に重要です。運動の基礎となるので、何度も繰り返し遊んでみましょう。また、タッチは保育者との関わりを深めます。月齢が高ければ友達とタッチをするのも関係性を深めるきっかけになるでしょう。

展開のカギ

マットを２か所に設置します。Ⓐをスタートし、タッチしてⒷに戻ります。これを交互に繰り返して遊びます。

合図が聞こえると、保育者の所までうれしそうに進み、「タッチー！」と声を出して満足げにハイタッチをしました。「もう１回！」「まだする！」と何度も楽しみました。

1・2歳児
0 1 2

一人でできるかな？ やってみよう！

ひっこしごっこ屋さんごっこ

遊びを通して
段ボール箱を運ぶ

段ボール箱の荷物を運ぶ

イスに座っている子どもが引っ越し屋さんになって、合図でマットAの段ボール箱を持ち、マットBに運びます。全ての段ボール箱を運び終えたら、次の引っ越し屋さんと交代します。

※次の子どもはマットBからマットAに段ボール箱を運びます。
※必ず持ち上げて運ぶようにしてみましょう。

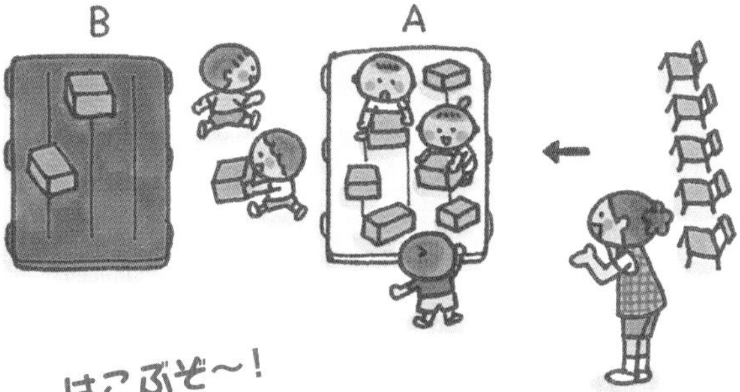

はこぶぞ〜！

あそびのコツ
「はこべるかな〜?」と思うような大きめの段ボール箱も用意しておくと、好奇心が湧いてきます。

いっしょに
はこぼう

ついた！

準備物
いろいろな大きさの段ボール箱（子どもが一人で運べるサイズ）人数×2個、マット、園児用イス

なるほど解説
やる気をもって取り組む
初めは自信がなくても、繰り返し運んだり、友達の様子を見たりすることで、どんどんチャレンジする意欲が湧いてきます。やる気をもって取り組む機会やきっかけをつくることが大切でしょう。

展開のカギ
運んだら、重ねてみましょう。

知っている生き物に変身して遊ぼう!

タマゴでゴロン

遊びを通して
音楽に合わせて全身を動かす

あそびのコツ
保育者と一緒に繰り返し遊んでみましょう。初めは子どもの様子を見ながら、ゆっくりとしたリズムで遊びます。

『たまごのうた』の一部替え歌で遊ぶ

1番

1 まるいたまごが

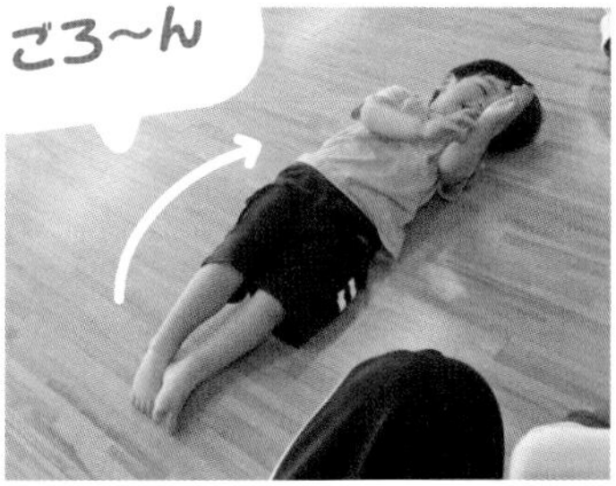

床に座った状態から後ろにゴロンと転がる(「ごろ〜ん」と言ってもOK)。

2 パチンとわれて(パチーン)

手足を広げて「パチーン」と言う。

**3 なかからカエルが
ケロッケロッケロッ
まあかわいい
ケロッケロッケロッ**

カエルポーズでジャンプする。

2番

1 2 1番と同じ。

**3 なかからひよこが
ぴよぴよぴよ
まあかわいい
ぴよぴよぴよ**

かがんだまま手をバタバタして歩く。

3番

1 2 1番と同じ。

**3 なかからヘビさん
ニョロニョロニョロ
まあこわいこわい
ニョロニョロニョロ**

床に寝てヘビになって動く。

ニョロニョロ
ニョロ

なるほど解説

体全体を使って

体全体を使って遊ぶ内容になっています。タマゴからいろいろな生き物に変身する楽しさや、動いて遊べるおもしろさを経験していきましょう。

展開のカギ

「カエルジャンプで遠くまでお散歩しよう!」など、表現方法に少し変化をもたせましょう。

※『たまごのうた』(作詞・作曲/不詳)

1・2歳児
0 1 2

見通しをもって取り組める！

お山トンネル タッチでGO！

遊びを通して

全身運動（脚力、体を小さくしたり伸ばしたりする）

タッチの合図で走る

平均台を使って全身を動かして遊ぶ

準備物

平均台２台（ポールや長イスでもOK）、マット、タンブリン

※①～③を繰り返し遊んでみましょう。

あそびのコツ
初めは、平均台ジャンプだけで遊んでみよう！

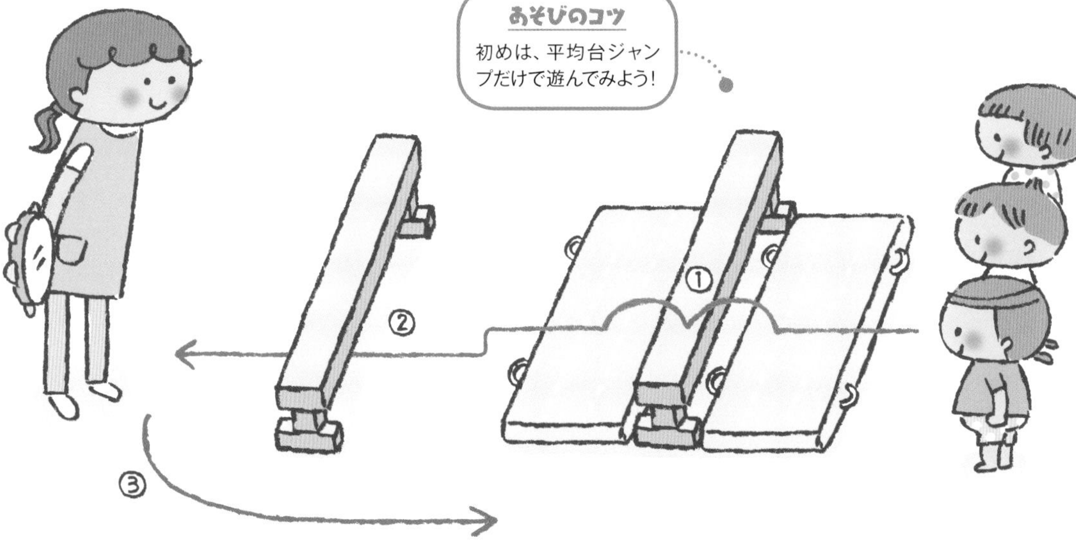

なるほど解説

楽しみながら経験を重ねる

子どもが成長する中で、今できることを楽しんで遊ぶことは大切です。脚力を使った上り下りや、体を低くしてくぐる動きは、階段を上ったり下りたり、立ったりしゃがんだりして靴を履くなど、今後の生活面で多く出てきます。遊びを通して、楽しみながら経験を積み重ねていきましょう。

展開のカギ

タンブリンを鳴らす代わりに縄跳びのヘビをジャンプしてみましょう。

① 上る&下りる

よいしょっ!

ジャンプ!

② くぐる

体を低くしてくぐる。

③ 走って戻る

タンブリンを鳴らしたら、走って戻る。

平均台に上ると、いつもと違う景色にニッコリでした。遠くを目指してジャンプをする姿がとてもかわいかったです。

1・2歳児
0 1 2

列車になり切ろう！

かえっこ かもつ列車

遊びを通して

駅（イス）を見つけて到着する

荷物を取り替えっこする

1. 赤玉を持って出発し、駅を見つけて座る

一人一個ずつ赤玉を持ち、『かもつれっしゃ』の歌に合わせて歩きます。イスを駅に見立て、歌い終わったら好きなイスに座ります。

準備物

園児用イス(人数分)、玉入れの玉

- イスをランダムに置く(子どもが通り抜けられる程度の間隔を空けておく)。
- イスの下に白玉を一つずつ置く。

おそびのコツ

イス取りゲームのように遊んでから玉の入れ替えをプラスしよう。

なるほど解説

遊びの流れを考えて進める

初めはイス取りゲームの感覚で、列車になって合図で座る遊びを繰り返します。十分に楽しんだら、次は玉を一つずつ持って遊びます。このように遊びに取り組む流れを考えて進めていくと、ワクワク感が増し、生き生きとした表情で探索活動ができるでしょう。

展開のカギ

玉の数を二つにしてみましょう。子どもの様子を見守りながら遊びましょう。

遊んでみました！

次第に電車のイメージをもちながら遊ぶことができるようになり、「しゅっぱつしんこう！」と大きな声を出して楽しんでいました。

♪がっちゃん

2. 玉を取り替えたら「出発進行！」

イスに座ったら、持っている玉と下に置いている玉を取り替え（赤→白）、「出発進行！」の掛け声で再びスタート。次の駅では玉を白→赤に取り替えます。繰り返し遊んでみましょう。

※『かもつれっしゃ』（作詞／山川啓介 作曲／若松正司）

おなじみの歌で、いつもと
違った動きを楽しもう!

ギュギュっとダンス!!

> **遊びを通して**
>
> 音楽に合わせて体を動かす
>
> 体を左右にひねる

『いわしのひらき』の替え歌で、みんなでダンスをする

1 おててをたたいて
おどりましょう

♪おててを
たたいて…

4回手拍子をする。

2 ギュッギュッギュッギュッ
ギュッギュッギュッギュッ
ギュッギュッギュッギュッ
ギュッ!

♪ギュッ
ギュッギュッ!

あそびのコツ
初めに「ギュッ
ギュッギュッ」
の動きで遊ん
でみよう。

軽く膝を曲げ、左右に体をひねる。

3 あしぶみしてから
おどりましょう

4回足踏みをする。

4 ギュッ×12 ギュッ!
2 を繰り返す。

5 てびょうし　あしぶみ
おどりましょう
手拍子と足踏みを同時にする。

6 ギュッ×12 ギュッ!
2 を繰り返す。

> **展開のカギ**
>
> 膝を曲げたり伸ばし
> たりする上下の動きも入
> れると楽しいです。

> **なるほど解説**
>
> **体をひねる動きが刺激になる**
>
> 普段の生活の中で、乳児が体をひねる
> 動きは少ないと思います。滑稽な動き
> になりますが、子どもにとって刺激に
> なり活発に活動する源になるでしょう。

※『いわしのひらき』（作詞・作曲／不詳）のメロディーで　作詞／小倉和人

1·2歳児

0 1 2

繰り返し遊ぶ中で期待感アップ!

ポンポンジャ〜ジャ〜

遊びを通して

玉を拾って入れる

往復して活動量を増やす

1. 玉を入れる

玉入れの玉を少し広げて置き、拾ってビニール袋に入れていきます。

あそびのコツ

保育室の壁際で遊んでみるのもいいでしょう。

2. 玉を落とす

子どもが集まって「5・4・3・2・1」と数え、「0」で輪ゴムを取って玉を落とします。底を結んで再び遊びをスタートします。

玉を広げている場所からポリ袋までの往復もうれしそうに走って活発に動けていました!

遊んでみました!

なるほど解説

楽しい仕掛けで活動量アップ

みんなで声を出して数えていると、玉が下から出てきて子どもたちは大喜び。このような仕掛けを作ることが遊びを繰り返しできる秘訣です。何度も繰り返して活動量を増やしてみましょう。

準備物

フープ(少し小さめの物)、ポリ袋、輪ゴム(ヘアゴム)、玉入れの玉

- フープにビニール袋の口をクラフトテープで取り付ける。
- 底は切って広げ、輪ゴムで結ぶ。

展開のカギ

高さに変化をつけてみましょう。

1·2歳児
0 1 2

シュ～シュ～と滑って
おもしろい！

シートスケート

遊びを通して

体全体のバランス感覚

膝を前に出す運動

準備物

プチプチシート(25×45㎝程度の大きさ)

スケートのように床を滑って遊ぶ

プチプチシート(横向き・凸凹面を上にする) を床に置き、子どもがその上にのります。両足をすり足のように交互に動かし、スケートの要領で前に進みます。

※保育者は、子どもの見てほしい、聞いてほしいという心の声に応えて、「○○ちゃん、滑るの上手ね！」などと声を掛けましょう。

プチプチシートを見ると、「プチプチってお とするよ！」「いえにある～！」とみんな大喜び。初めはうまく滑ることができず、悪戦苦闘でしたが、コツをつかんでスムーズに滑れるようになると笑顔が見られました。

遊んでみました！

シュ～シュ～

まっすぐ
のばして…

2まいも
たのしい～！

あそびのコツ

カラー標識など目印を置くと、目標ができます。

なるほど解説

バランスをとりながら滑る

普シートの上にのると、足の裏の柔らかい感覚が気持ち良く、うれしくなります。すり足で歩くときは、足の裏全体でシートをつかみ、膝を前に出して進みます。腰を回転させ、腕や肩でバランスをとりながら滑ることに夢中になるでしょう。友達が遊ぶ姿にも刺激され、遊びを深めていく良いきっかけを子ども自身でつくっていきます。

展開のカギ

音楽を流し、シートを2枚使ってフィギュアスケートごっこをしても楽しいです。

2歳児

0 1 2

自分から動いて楽しさを感じよう!

あっちへコロン こっちへコロン

遊びを通して

玉を転がす

転がす場所を自分で見つける

準備物

玉入れの玉(一人一つ)、園児用イス(子ども10人に対し7~8脚)

●園児用イスをランダムにいろいろな向きに広げて置く。

玉入れの玉を次々と転がす

一人一つ玉入れの玉を持ち、イスの前から背もたれの間に向けて転がします。背もたれの間から玉が落ちたら、拾って違うイスへ。これを繰り返します。

やった
つぎは
あっち!
もう
1かい!

おそびのコツ

玉に慣れ親しんでから遊びましょう(右手から左手に持ち替える、頭にのせて歩く　など)。

玉をおにぎりに見立てて遊びました。展開の遊びでは、難易度が上がることで集中して取り組み、中には考え込む子どももいました。

遊んでみました!

なるほど解説

「できる」が増えるとうれしい

何げない玉の動きがおもしろく、何度でも繰り返して遊びます。自分でできることが増えると、子どもはうれしい気持ちになります。できることを少しずつ増やしていける環境をつくるといいですね。

展開のカギ

やさしく
ころがすんだ!

背もたれ同士をくっつけて、どちらからも入れることができる設定にしましょう。背もたれを通して向こう側のイスから落ちなければセーフ、落ちれば残念!

表現の楽しさを感じよう！

ヘンシンごっこ

遊びを通して

身近な生き物になり切る

音楽に合わせて体を動かす

『キャベツのなかから』の替え歌で遊ぶ

1 テクテク　あるいて

お散歩する。

変身後、しばらく歩いたり、ジャンプしたりする時間をとると、次に移りやすかったです！
遊んでみました！

2 ごろんところがった（ゴロゴロ）かわいいだんごむし

だんごむしに変身し、ハイハイする。

なるほど解説

これからの過程の源になる遊び

身近な生き物などになり切って遊んでいくことは、今後の園生活で非常に大切なことです。３歳には様々な動きを取り入れ、４歳には関わりが遊びの中に入り、５歳には思っていることを体で表現する、そのような過程の源になるでしょう。

③テクテク　あるいて　ぴょこんととびはねた　(ぴょこんぴょこん)　げんきなカエルさん

♪げんきなカエルさん

①をし、カエルに変身し、跳ねる。

あそびのコツ

初めは保育者のまねっこをしてみましょう。

③テクテク　あるいて　ぴょんぴょんとびはねた　(ぴょんぴょん)　ステキなうさぎさん

♪ステキなうさぎさん

①をし、うさぎに変身し、ジャンプする。

展開のカギ

子どもが知っている動物や生き物などに変えて、変身して遊んでみましょう。

ゴリラさん!
ウッホッホー

『キャベツのなかから』(作詞・作曲／不詳)のメロディーで　作詞／小倉和人

F
C7
F
C7
F
1.～3. テク テ ク ある い て
ごろ ん ところがっ た(ゴロ ゴロ) かわいいだんご む し
ぴょこ ん と とびはね た(ぴょこんぴょこん) げんきな カ エ ル さん
ぴょん ぴょ ん とびはね た(ぴょん ぴょん) ステキな う さ ぎ さん

いろいろな動物に変身！

だるまさんオニ

遊びを通して
体を使って表現する

準備物
ライン
（手前から向こう側の壁でもOK）

1.「だ・る・ま・さ・ん・が…〇〇〇（動物の名前）」

保育者が「だ・る・ま・さ・ん・が」とゆっくり言った後に、動物の名前を言います。子どもたちは動物のポーズをします。

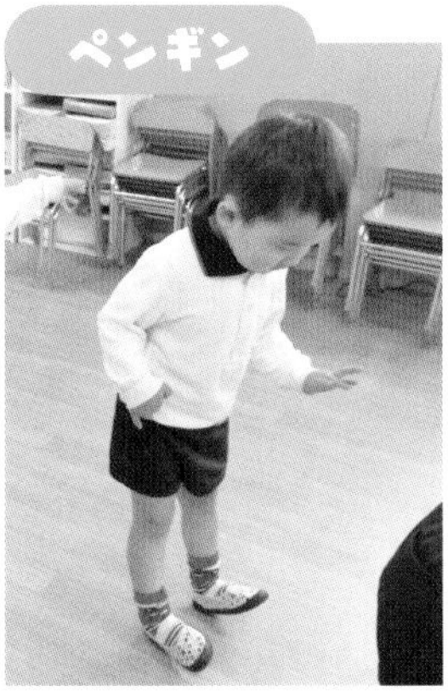

つま先を上げる

片足バランス

両足ジャンプ

※運動要素を含んだポーズにするといいでしょう。

2.「だ・る・ま・さ・ん・を…たべちゃうぞ！」

保育者が「だ・る・ま・さ・ん・を…たべちゃうぞ！」と言ったら、子どもたちは後方へ逃げます。保育者はうまく逃げられるように子どもを追い掛けましょう。再びスタート地点へ戻り、繰り返し遊びます。

あそびのコツ

オニは捕まえず、子どもが上手に逃げられるように追い掛けます。

にげろ～

ペンギン、ウサギ、フラミンゴのポーズを伝えるだけで、すぐに遊びに入り込み、それぞれのポーズを楽しんでいました！
遊んでみました！

なるほど解説

期待感をもって取り組む

「だ･る･ま･さ･ん･が…」と唱えているとき、子どもの心の中はワクワク･ドキドキしています。その後、瞬時に体を動かして表現する楽しさを感じることができればいいですね。子どもはこのような待ち時間を苦にしません。期待感をもって取り組む活動を心掛けていきましょう。

展開のカギ

身近な生き物を取り入れてもいいでしょう。

例 虫…ダンゴムシ、カマキリ、トンボ　など

第2章
粗大運動

2歳児
0 1 2

子どもの大好きな動きがいっぱい!

ごんべさんのあかちゃん体操

遊びを通して
走る、回るなどの全身運動
夢中度を高める

『ごんべさんのあかちゃん』の一部替え歌で遊ぶ

※「○○」の部分は子どもと一緒に声に出して言いましょう。

❶ ごんべさんのあかちゃんが すわります 「シュッ」

シュッ

両手を振って足を上げランダムに歩き(以下、同様)、「シュッ」で座る。

❷ ごんべさんのあかちゃんが ジャンプする 「ピョ〜ン」

ピョ〜ン

大きくジャンプする。

あそびのコツ
歩くとき、アクションをするときは、めりはりをつけましょう。

『ごんべさんのあかちゃん』(作詞/不詳 アメリカ民謡)のメロディーで　一部作詞・編曲/小倉和人

B♭
ごん べさん のあ かちゃん がす わり ます (シュッ)
E♭
ごん べさん のあ かちゃん がジャ ンプ する
B♭
(ピョ〜ン)
B♭
ごん べさん のあ かちゃん がま わり ます (ぐるぐるぐる)
F7
ごん べさん のあ かちゃん がご ろり んこ
B♭
(ごろん)

❸ ごんべさんのあかちゃんが まわります 「ぐるぐるぐる」

その場で駆け足をして回る。

なるほど解説

なじみの曲と大好きな動き

この遊びには、子どもたちの大好きな動き（座る、立つ、しゃがむ、ジャンプ、回る、走る、横になる　など）が入っています。なじみの曲で体を動かす分かりやすい内容なので、子どもたちが安心して機嫌良く遊ぶことができます。4月の落ち着かない時期にお勧めです。

展開のカギ

子どもの姿を見て、活動の内容をオリジナルに変化させてみましょう。

例

♪ごんべさんの
あかちゃんが
ねむります
「グ〜ッ」　　　など

ジャンプや回るところですごく盛り上がりました。子どもたちもすぐに遊びを覚えたので、時間が少しでもあるときにはよく遊んでいます。

遊んでみました！

❹ ごんべさんのあかちゃんが　ごろりんこ 「ごろん」

ごろんと寝転がる。

色を見て動く！

いろいろスタート！

遊びを通して

色の認識

よく聞いて移動する

準備物

マット、カラー標識4色

※色付きのマットがあればカラー標識はいりません。

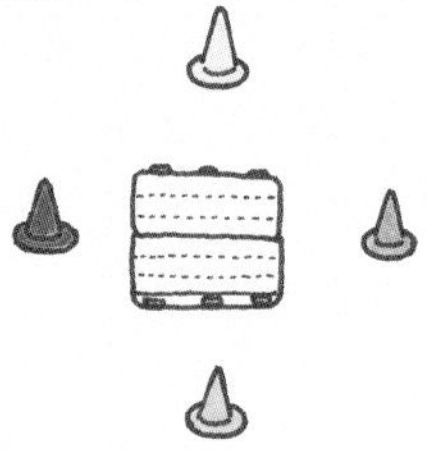

1. マットに座って『むすんでひらいて』の手遊びをし、カラー標識にタッチ

1 むすんで

両手を握り、上下に4回振る。

2 ひらいて

手を開いて、上下に4回振る。

3 てをうって

拍手を4回する。

あそびのコツ

まずは手遊びをしてみよう。

4 むすんで

両手を握り、上下に3回振る。

5 またひらいて

2 と同じ。

6 てをうって

3 と同じ。

7 そのてを

両手を上げる。

なるほど解説

自分で進んで遊べるように

遊びに、色の認識・手遊び・移動が含まれています。移動のときは、友達とぶつからないようにスムーズに動きましょう。繰り返し遊んでいく中で、友達の行く方向にまねて行っていた子どもが、自分から進んで行けるようになればいいですね。

8 ○○いろに～

保育者が色を伝えたら、子どもは同時にスタートし、その色のカラー標識にタッチして座る。

あそびのコツ

初めは2色から。みんなで色の確認をしてもいいですね。

展開のカギ

身の回りにある物にタッチしてもいいでしょう。

2. 飛行機のポーズをしながら、中央のマットに移動

「♪ひこうきぶんぶん　ひこうきぶんぶん　ひこうきぶんぶん　そらをとぶ」と唱えながら、手を広げて飛行機のポーズをし、中央のマットに移動し座ります。
繰り返し遊びましょう。

遊んでみました！

なじみのある手遊びで始まったので、子どもたちもすぐに関心を示し楽しんでいました

※『むすんでひらいて』（作詞／不詳　作曲／J.J.ルソー）

第2章
粗大運動

2歳児
0 1 2

友達と力を合わせる!

そり引きあそび

遊びを通して
全身で引っ張る

準備物

マット、短縄
●マットの持ち手部分に短縄の両端を結ぶ。

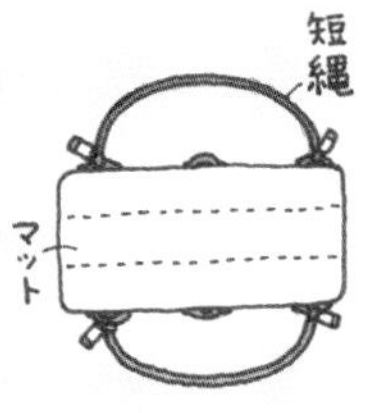

マットを引っ張って進む

子ども二人が縄の中に入り、マットを引いて進みます。交替して繰り返しましょう。

月齢の高い子どもやコツをつかんだ子どもは、前傾姿勢になって引っ張る姿が見られました。

遊んでみました!

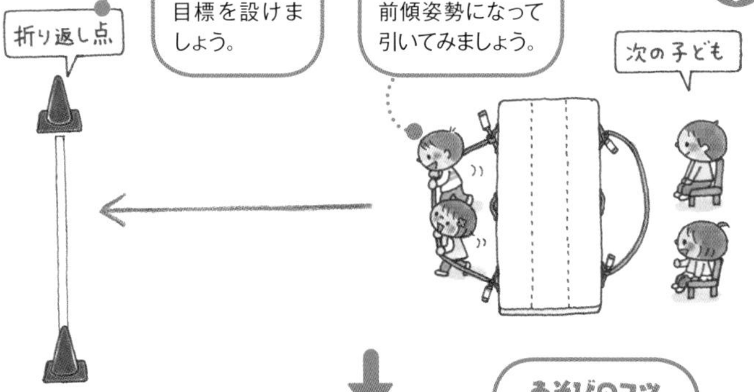

あそびのコツ
目標を設けましょう。

あそびのコツ
前傾姿勢になって引いてみましょう。

あそびのコツ
絶えず声援を送りましょう。

なるほど解説

引っ張る活動を経験する

子どもが引く活動は、上体が真っすぐなまま引っ張ってしまいがちですが、その際は、力を入れて全身で引っ張っていく、つまり腰を入れて前傾姿勢で進むことが望ましいです。この年齢ではやや難しいことかもしれませんが、遊びの中で経験をすることで引く活動をするきっかけになればいいと思います。

展開のカギ

引き手をもう一人増やし、友達を一人マットにのせましょう。

第3章

体幹・バランスあそび

はがして、付けて

むくむくむくっ

遊びを通して
継続性

準備物

面ファスナー、ピンポン玉、マット

- マットから高さ15cm程度の壁に、丸く切った面ファスナーを貼る。
- ピンポン玉に帯状の面ファスナーを3本巻き付け、壁にくっつけておく。

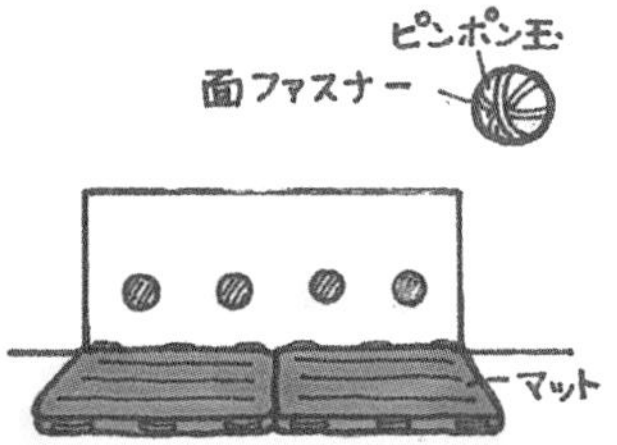

はがして遊ぶ

子どもがうつ伏せの状態から、反り返ってピンポン玉をべりっとはがして遊びます。
取ったら保育者がピンポン玉を壁に付けて、繰り返し遊びます。

あそびのコツ
ピンポン球がくっつくことを子どもに知らせよう。

なるほど解説

あそびの継続を促す

ほんの2～3分、少しの時間で遊ぶことを、毎日繰り返してみましょう。遊び込んでいくと、子どもたちのあそびの継続を促すことも含め、同じ時間帯に時間を決めて行なうようにするのがいいでしょう。

展開のカギ

お座り、タッチ、伝い歩きなど子どもの成長に合わせて場所や高さを変えていくといいでしょう。

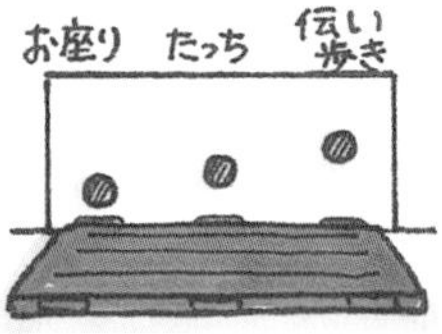

またいで、またいで

1・2・3・よっち

遊びを通して
脚力
バランス

膝を上げて進む

壁に手をつきながら、膝を上げてまたぎながら進んでいきます。

準備物

ラップ芯、プチプチシート、マット

- ラップ芯に色画用紙と、プチプチシートを巻き付ける。…Ⓐ
壁沿いに等間隔(子どもの歩幅)に並べて養生テープで固定しておく。
- Ⓐに沿ってマットを並べる。

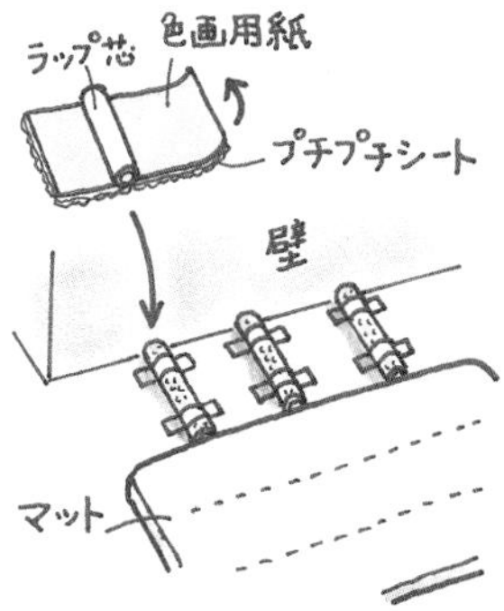

あそびのコツ

ラップ芯の幅を空けすぎず、またいだらすぐに次があるように調整します。

なるほど解説

ラップ芯に巻く長さ

よちよち歩きのときは、ラップ芯にプチプチシートを巻きすぎないようにしましょう。数ミリ高くなるだけで一気に難しくなります。

展開のカギ

ラップの芯をまたいで進むときに、壁にイラストなどを貼ってもいいでしょう。

好奇心をもち、自分から進んで上り下りしてみよう！

のぼってピョン！

遊びを通して

巧技台を上って下りる
バランス感覚

準備物

マット、巧技台またはとび箱（1段目のみ。マット1枚につき1台）

●マットと巧技台を壁に接するように置く。

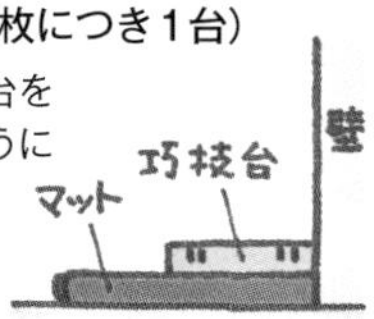

上ったり下りたりして遊ぶ

壁を手で伝いながら、巧技台の上り下りを繰り返して遊びます。

あそびのコツ

手を添えてもOK。子どもの動きに合わせて援助しましょう。

マットと巧技台を見るとすぐに自分から上り出しました、上って下りてを繰り返して、できるたびに満足そうにする姿が見られました。

なるほど解説

遊びやすい環境を整える

0歳児で「片膝ずつ上げて下りる」という運動を経験すると、バランスを保ちながら上り下りする動きにつながります。また、壁際に設定すると、壁を支えにしながら進むことができたり、進んでいる感覚を得たりします。遊びやすい環境を整えていきましょう。

展開のカギ

繰り返し遊んで慣れてきたら、巧技台の高さを調整してみましょう。

傾きを楽しんで！

はいはいガッチャーン

遊びを通して
脚力
バランス力

準備物

ウレタン積み木（2本程度固定したもの、三角柱、半円柱）、ロイター板、マット、養生テープ

- ウレタン積み木を並べ、養生テープで固定しておく。
- 前後にマット、ロイター板を置き、ウレタン積み木を橋のように架ける。

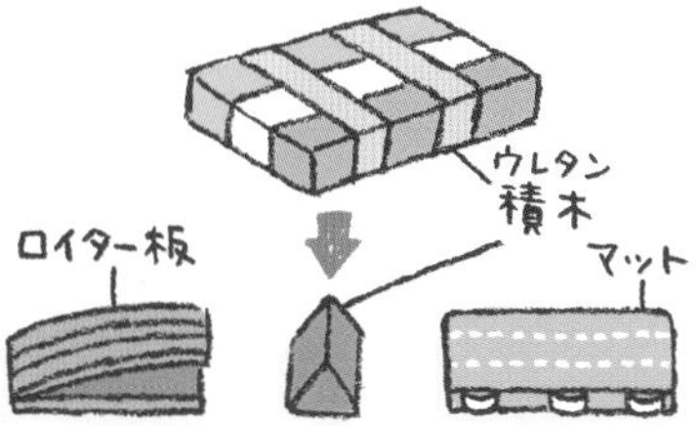

ハイハイで渡る

ロイター板の方からハイハイで歩いていきます。前方に差し掛かったとき、ガッチャーンと橋が少し傾くので、バランスをとって渡り切りましょう。

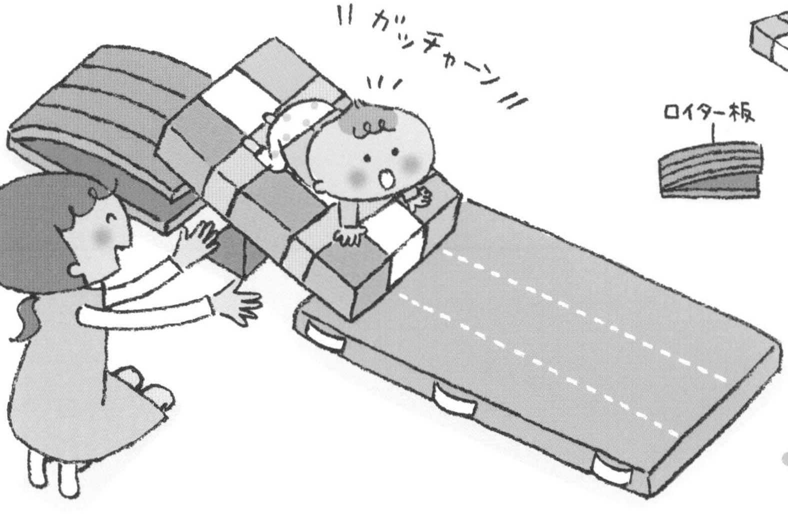

あそびのコツ

遊び始めは、積み木の上に乳児用の柔らかシートを敷いて遊んでみましょう。

なるほど解説

環境の一部に

初めは驚くかもしれませんが、繰り返し遊んでいくとその揺れにも慣れバランスを取りながらスムーズに渡るようになります。少し遊んだら、別のあそびをし、また渡って遊ぶなど環境の一部として構成していきましょう。

展開のカギ

ウレタンの橋の上にプチプチシートを張ったり、タマゴパックを並べたりして音や感覚の違いも楽しめるようにしましょう。

タンブリンにタッチ！

ゆらゆらマットトンネル

遊びを通して
ハイハイする
保育者に親しむ

くぐってタッチする

トンネルの出口で、保育者がタンブリンを鳴らしながら名前を呼んでみましょう。そっとくぐってタンブリンにタッチします。

準備物

マット、フープ、タンブリン
- マットを縦に少し丸め、フープを３本通します。

あそびのコツ

マットにも保育者がつき、揺れを止めるようにします。

なるほど解説

ハイハイの動きに注目する

一人ずつ、ゆっくり進みましょう。ハイハイのときに体が左右に揺れると、トンネルも一緒に揺れてしまいます。手、膝が真っすぐ出るようなハイハイだと、揺れずに進むことができます。まずは、くぐることの繰り返しの中で個々の動きに注目するようにしましょう。

展開のカギ

フープの大きさを小さくしてみましょう。

よいしょ、よいしょ、
お膝を上げて歩けるかな?

パックポコポコ2

遊びを通して
膝を上げて歩く
左右交互にまたぐ

ブロックをまたいで進む

牛乳パックのブロックを等間隔に並べ、一方向から膝を上げてまたいで歩きます。

※右、左、右、左…と一つずつ交互にまたぎます。

準備物

牛乳パック

- 牛乳パック同士を差し込む…Ⓐ
- Ⓐを二つ作り、布テープでつなげて牛乳パックのブロックを作る…Ⓑ
- Ⓑを4つ作る。

※P.63『パックポコポコ』と同じ物を使って遊べます。

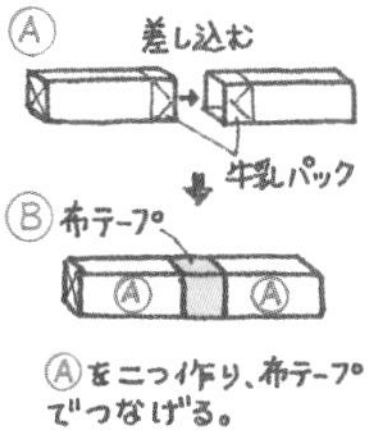

あそびのコツ
子どもの歩幅に合せて牛乳パックを置きましょう。

展開のカギ
牛乳パックの間隔を少し広くする箇所をつくってみましょう。

なるほど解説

バランスをとって進む

バランスをとって歩くことがまだ難しい年齢です。膝を上げて前に進む運動を、遊びの中で十分にしていきましょう。

※P.63の『パックポコポコ』も遊んでみましょう。

ちょこっとバランス遊び

おいっちに

遊びを通して
バランス感覚

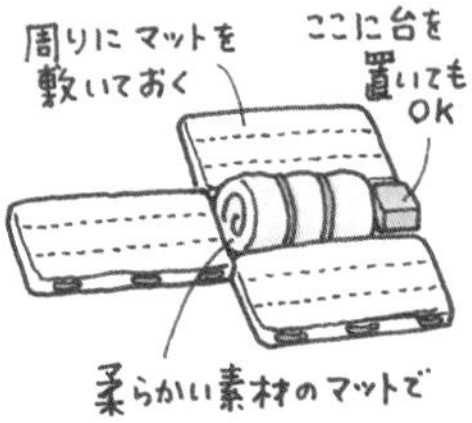

マットの上をそっと歩いたり、ウマに見立てて座ったりして遊ぶ

よいしょ、よいしょ

あそびのコツ
保育者は体を支えましょう。

準備物

マット、短縄

●マットの表面を外側にして巻き、短縄で結ぶ。結び目は下にくるように。

周りにマットを敷いておく

ここに台を置いてもOK

柔らかい素材のマットで

🔑 **展開のカギ**

巻いたマットの上に別のマットをかぶせたり、とび箱にマットをかぶせたりして山を作り、硬さの違いを出すとおもしろいでしょう。

📖 **なるほど解説**

体をコントロールする動きにつながる

倒れそうになったとき、反射で体を起こそうとする動きが見られるでしょう。これは、転びそうになったときに自分で体をコントロールする動き（＝感覚遊び、バランス遊び）につながります。

しゅっぱ～つ！！

あそびのコツ
足がつくように、両サイドにマットを敷いてもいいでしょう。

0・1歳児

0 1 2

片足で立てるかな？

あしあげよ〜

遊びを通して
なじみの歌で遊ぶ

『あたまかたひざポン』（イギリス民謡）の替え歌で遊ぶ

1 おててをついて

片手をテーブルや壁などに掛ける。

2 あしあげよ〜　あしあげよ〜　あしあげよ〜

片足を上げてバランスをとる。

3 おててをついて
4 あしあげよ〜

1 と同様にする。
2 と同様にする。

5 さいごは…「パッ！！」

一瞬で良いので手を離すことができるかチャレンジ。

あそびのコツ

保育者も一緒に遊びます。子どもがまねっこできるようにするといいでしょう。

なるほど解説

少しでも褒めてみよう

歌をうたっている間に片足でバランスをとろうとする姿があれば十分です。やってみようとまねて遊ぶ姿、少しでもできたら「できたね〜」と褒めることが大切です。情緒が安定し、気持ちも高揚してくると得意げに何度も繰り返していきます。

展開のカギ

保育者と手をつなぎながら遊んでも面白いです。また、異年齢の子どもと一緒に遊んでも楽しいでしょう。

※『ごんべさんのあかちゃん』（作詞／不詳 アメリカ民謡）のメロディーで　一部作詞／小倉和人

いろんなマットを歩いて渡ろう♪

ふにゃポコマット

遊びを通して
足裏の感覚

準備物

とび箱、ソフト積み木、マット、巧技台

マットのお山を歩く

1 マットのお山二つ

マットを丸めて上からマットをかぶせ、山を作ります。その上を歩いていきましょう。

2 積み木等間隔

ソフト積み木にマットをかぶせます。デコボコ感覚を楽しんで歩きます。

③ とび箱3つ

ちょっと高い山を
歩きましょう。

④ 真ん中のとび箱だけ一段高く

真ん中に少し小高いお山を作ります。その上を
歩いてみましょう。

展開のカギ

一直線のコースで ① ～ ④ の遊びを取り入れてみましょう。一つひとつには慣れ親しんでいるので、距離を取って遊び込めるようにしましょう。

なるほど解説

自分から行こうとする気持ちを大切に

歩いて渡ることでバランス力を高めていきます。行くのが怖い子どもは無理をせずハイハイで行なってもいいでしょう。あそびを展開していくことで、子ども自身の刺激にもなり、自分から行こうという気持ちにもなります。また、足の裏の感覚や遊びの変化にどのように対応していくのか見守ることも大切でしょう。

踏ん張ってバランスをとろう

ひっぱりバトン

遊びを通して
持って引っ張る

準備物

リングバトン(ホースを輪にしたものでもよい)、ひも、マット

①リングバトンとひもを結び、保育室の柱などに固定する。

②バトンの所にマットを敷いておく。

バランスをとって歩く

リングバトンを握って、体重を後ろに掛けます。片足で立ってみたり、左右に揺れたりとバランスをとって遊んでみましょう。

あそびのコツ

マットの上に印となるテープを貼って遊んでみましょう。

なるほど解説

握っていろいろ体を動かす

どこかを握っていれば片足立ちができたり、バランスをとったりすることができます。体重移動や、お腹、背中、腕に力を入れるなど、遊びの中で促していくことも大切です。いろいろな動きをして遊んでみましょう。

展開のカギ

２か所準備し両手で持ったり、友達と並んで遊んだりするのもいいでしょう。

片足で立てるかな？

ゆびさき ギュッギュッ

遊びを通して
足指の力

準備物

とび箱、ロイター板、マット

●とび箱2段にロイター板を斜めに掛け坂道を作り、上からマットを掛ける。

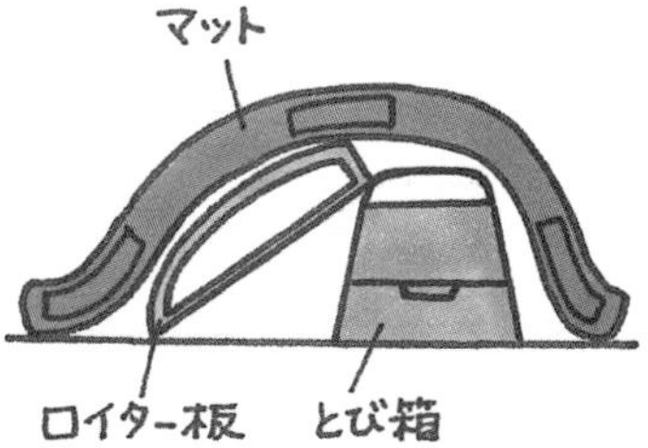

指先に力を入れて上る

下から上っていきます。保育者が両手を持ち、子ども自身が足の指先に力を入れしっかりと上るように援助しましょう。降りるときは座ってすべり台のように下ります。

あそびのコツ
低い段数から始めましょう。

なるほど解説

ポイントをおさえてフォローする

足の指先に力を入れて体重を支えながら、上までのぼることができればいいでしょう。膝の曲げ方、足の運び方、前傾姿勢などうまく調整ができるようにフォローすることが大切です。

展開のカギ

滑る方に、ソフト積み木などを階段のように並べて下りる活動をしても良いでしょう。

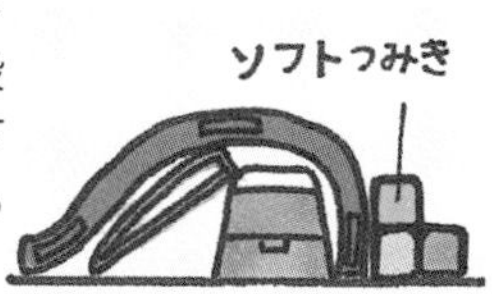

しっかりとバランスをとりながら歩こう!

「よいしょ、よいしょ。」

遊びを通して
膝を上げて歩く

1. マット→巧技台→マットの順に歩く

マットの端から歩き、巧技台をまたいで入り、またいで抜け、マットを歩く。これを繰り返します。

準備物

マット、巧技台（低めの枠・段ボールを切った物でもOK）

●マット→巧技台→マットの順に並べる。

あそびのコツ

初めは、右（左）足で入り、右（左）足で出る、でもいいでしょう。

なるほど解説

子どもの発達に合わせて進める

膝を上げることがしっかりした歩き方への促しになります。前へ出す足が同じならば、違う足を出せるように声を掛けることも大切です。しかし、一人ひとりの動きや発達を十分に捉えながら進める必要があるでしょう。

2. 巧技台を増やす

もうひとつ巧技台を並べ、またぐ回数を増やします。子どもの様子を見ながら巧技台を増やしていきましょう。最終的に、膝を上げて歩く感覚でまたいでいくのがいいでしょう。

展開のカギ

- マットの下に積み木を入れてでこぼこ道をつくります。
- 繰り返すときに、歩いて戻れるように積み木や長イスで道を作ります。

巧技台を増やしていくことで交互に足を運ぶことができていました！
遊んでみました！

友達と一緒に
ナイスタイミング!

フープでぎっちらこ

遊びを通して

引っ張ったり、押されたりする

友達と一緒に遊ぶことを楽しむ

準備物

フープ

1. グループでフープを持ってぎっちらこ

3人程度のグループに分かれます。初めは保育者もその中に入ります。フープを持ってしぜんに引いたり、前かがみになったりします(保育者は規則性のある動きができているかを確認します)。

あそびのコツ

「こたつに入るようにして座ってごらん」とことばがけすると入りやすいです。

2. 人数を増やしてぎっちらこ

次第にグループを合わせて、子どもを増やしていきます。一人ひとりが倒れたり起きたりして繰り返し遊びます(保育者は見守ります)。

あそびのコツ

名前を呼んで引っ張るなど、合図を送ってもいいでしょう。

展開のカギ

二人で遊んでみましょう。粗大運動から規則性のある遊びへ。

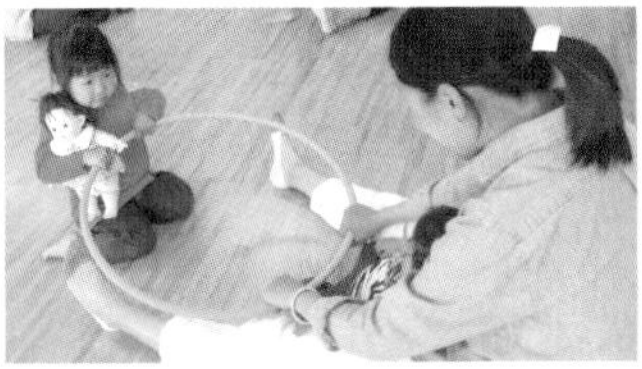

なるほど解説

子どもの発達に合わせて進める

この遊びは、倒れたり起きたりと規則性があります。時間差で倒れたりすることがおもしろく、友達と一緒に遊んでいる感覚を感じられるような内容の遊びです。

遊んでみました!

引っ張られたり押されたりという感覚を楽しんでいました!

1・2歳児
0 1 2

輪を頭にのせて歩く♪

バランスおっとっと!?

遊びを通して
体のバランスを自分でとろうとする

輪を頭にのせて運び、かごに落として入れる

合図でマットに置いた円形バトンまで走っていき、バトンを頭にのせて歩いて進みます。かごの前で「こんにちは！」とお辞儀をしてバトンを落として入れます。入らなければ手で入れてもOK。これを繰り返し遊びます。

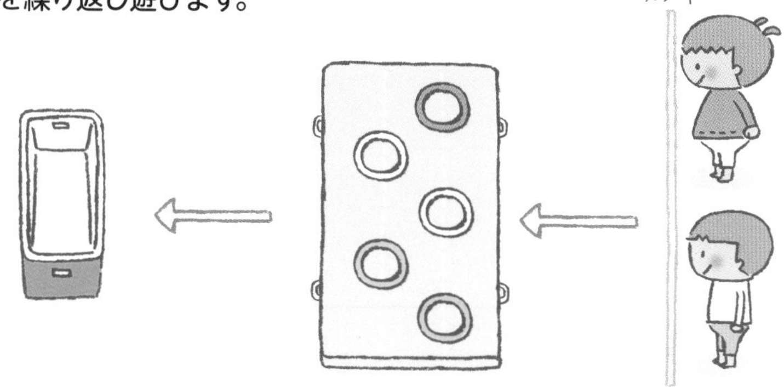

円形バトンに興味津々で、頭にバトンをのせ、両手で押さえて走っていました。繰り返し遊ぶ中で手を広げてバランスをとり、深々とお辞儀ができるようになりました。

あそびのコツ

バトンを落として入れるとき、こんにちはの「は」で入れると楽しさが増します。

準備物

円形バトン(新聞紙を輪にした物でもOK)、マット、かご(巧技台、とび箱の1段目でもOK)

なるほど解説

短い距離から始めてコツをつかむ

輪を頭にのせるだけで子どもはワクワクします。初めはうまく運ぶことよりも、短い距離で運んで落とすことを繰り返し、コツをつかんでいきます。何度も遊ぶことでバランスを保つ動きに変わってくるので、楽しく遊べるように雰囲気づくりにも配慮していきましょう。

展開のカギ

バトンを入れる箱をいろいろな所に置いてみましょう。バランスを保ちながら箱を探して遊んでみましょう。

いろいろな移動の仕方が見られる♪

積み木をドンドン

遊びを通して
バランスをとりながら歩く

一本橋を渡る

大型積み木や巧技台を並べてつくった橋を、バランスをとりながら渡ります。

準備物

大型積み木、巧技台(とび箱の1段目でもOK)

橋の上を歩いて進む

あそびのコツ
短い距離から始めましょう。

なるほど解説

体のバランスをとりながら進む

橋の上を歩いて渡るときは、緊張感をもちつつ、少し体の力を抜いて進みます。またいで渡るときは、足に力を入れ、上半身を左右に揺らすようにして進みます。体のバランスをとりながら、歩くことを意識した運動をしてみましょう。

橋をまたいで進む

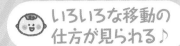

またいで歩くときは難しそうでしたが、両手両足を広げて一人で頑張って歩いていました。一生懸命に歩こうとする姿がかわいかったです。

またいで進む→上り・下り→またいで進む→ジャンプ

慣れてきたら積み木を2段に。手をつきながら進んでもOK。

展開のカギ

積み木の置き方を工夫して、方向転換をするポイントをつくりましょう。

1·2歳児
体幹・バランスあそび
積み木をドンドン

1・2歳児

0 1 2

ふわふわ感覚で歩こう!

へんてこマット

遊びを通して

脚力

感触を楽しんで乗り越える

歩いたりハイハイをしたりして乗り越えていきます。繰り返し遊んでみましょう。

準備物

布団圧縮袋、風船、マット

風船を膨らませて、布団圧縮袋に入れ圧縮する。袋の角はテープなどで保護しておく。マットを上からかぶせる。

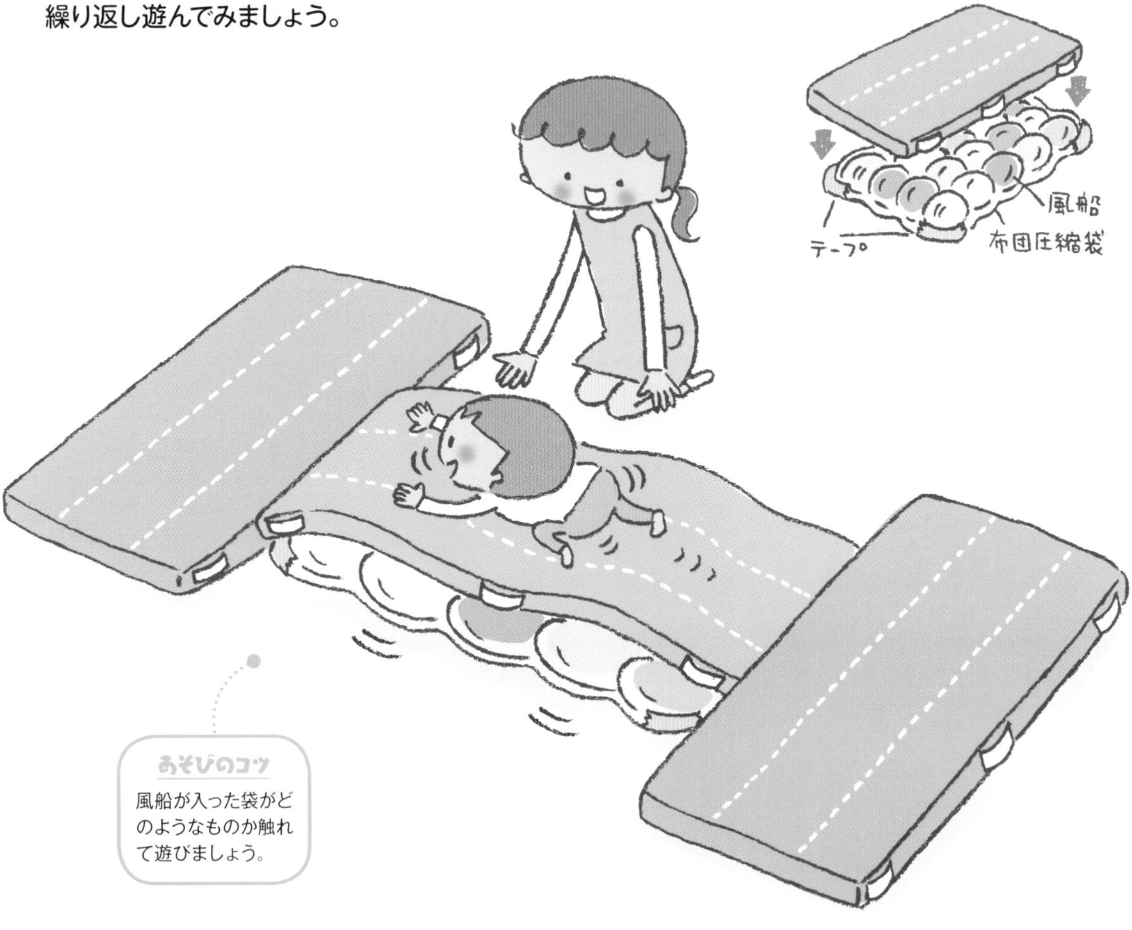

あそびのコツ

風船が入った袋がどのようなものか触れて遊びましょう。

あそびのコツ

へんてこマットをつなげて遊んでみましょう。このとき、マットを上から敷いておきます。

なるほど解説

準備段階から楽しんで

風船を見るだけでも子どもたちは興味津々。準備しているところも子どもたちが見ていると、風船の上を歩いている！と感じながら遊ぶことができ、ふわふわしている感覚で楽しめます。また、マットを取り除き直接袋の上を歩いてもいいでしょう。更にバランスをとりながら取り組むので子どもたちも楽しめるでしょう。

展開のカギ

カラーボール、ビーチボールなどを入れて遊んでみましょう。

1・2歳児

0 1 2

うまくリズムやバランスをとれるかな?

てあしでポンポン

遊びを通して
バランスをとりながら手足を動かす

『こぎつね』の替え歌で遊ぶ

1 おててを　ポンポン　ならしましょう　ポン　ならしましょう　ポン

膝を伸ばし座って歌い、「ポン」で手拍子をする。

あそびのコツ
ゆっくりしたリズムで。

2 あしのうしろも トントンならそう

両足の裏で地面をたたくように音を鳴らす。

あそびのコツ
手を後ろについてもOK。

3 おててもいっしょに ならしましょう

手足を一緒に鳴らす。

展開のカギ
スピードに変化をつけてみましょう。

なるほど解説
体のバランスをとりながら遊ぶ
手拍子に加え、足でもリズムをとることで、良い刺激を得ながら新鮮味も感じ、楽しく遊ぶことができます。体のバランスをとりながらチャレンジする気持ちを大切にしましょう。

※『こぎつね』（ドイツ民謡）のメロディーで　作詞／小倉和人

2歳児

0 1 2

バランス感覚を身につけよう！

おっとっと〜ピッ！

遊びを通して

揺れてバランスをとる

ポーズでまねっこをする

唱え歌で遊ぶ

**① かーかーし　かーかーし
かーかーしーに　なれるかな？**

♪ かーかーし
かーかーし

手拍子をする。

② はい！　1・2・3・4・5

1・2・3・4・5

手を広げて、かかしポーズをする。

③ お〜っとっとっと〜

あそびのコツ
楽しい雰囲気で。

片足のまま体を揺らす。

④ ピッ！

ピッ！

気をつけをする。

※２番はトンボ（手を広げて足を後ろに上げる）でする。

なるほど解説

楽しみながら短時間でできる運動遊び

手拍子でリズムをとる、ポーズでまねっこ、揺れてバランスをとるなど、楽しみながら少しの時間でできる運動要素のある遊びです。「できたよ！」という子どもの自信につながる遊びにしていきましょう。

展開のカギ

子どもの様子を見て足を替えるなどに挑戦してみましょう。

次は左足〜！
むずかしい〜

遊んでみました！

「お〜っとっとっと〜」で大きく体を動かすと、より盛り上がりました！

大きくまたいで歩いていこう

クルクルまるたんぼう

遊びを通して
バランス感覚
足裏の感覚

様々な置き方で歩く

クルクルまるたんぼうの置き方などを変えて遊んでみましょう。
・2本ずつ固定したものをくっつけて並べます。その上を歩いていきます。
・ジグザグ状につなげたものを準備し、その上を歩いていきます。
・まるたんぼうをまっすぐ並べ、所々に添えるようにして置き、バランスをとりながら歩いてみましょう。
・まるたんぼうを3本山のように重ねたものを複数用意し、上にのぼって下りる活動を繰り返し遊んでみます。

※必ず両サイドにマットを置き、安心して遊べる環境を整えておきましょう。

準備物

段ボールを丸めたもの(数が多いほどより遊べる)、マット

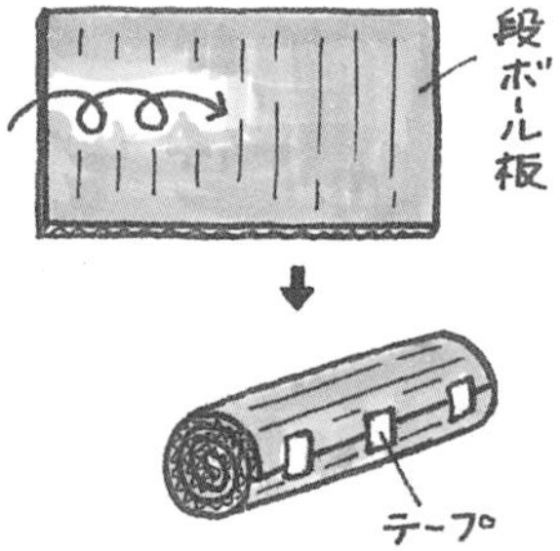

あそびのコツ

保育室の1コーナーに置いておき、繰り返し遊びましょう。

横に添えて

3本山

なるほど解説

たくさん準備して展開する

歩くだけで、足の裏の感覚やバランス感覚の育ちを促していきます。まるたんぼうの数を豊富に準備することであそびを展開でき、子どもたちの運動量も増えてきます。

展開のカギ

- 段ボールの大小や硬さなど変えて準備してみましょう。
- 運動用具と組み合わせてサーキット遊びをしてみよう！

自分で道を選んで！

WA！バランス!!

遊びを通して
足裏の刺激
バランス

準備物

フープ
フープを３本程度床に置き、養生テープなどで固定する。
ビニールテープで目印をつけておく。

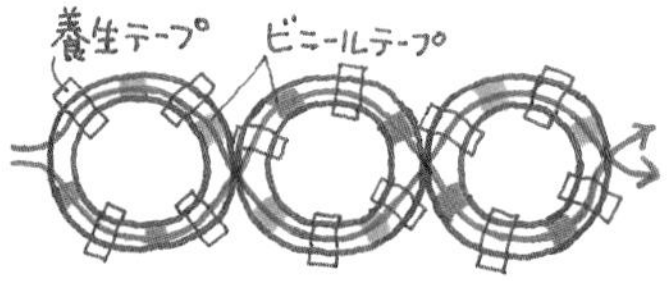

カニ歩きで進む

カニ歩きでフープの上を歩いていきます。ビニールテープの印が付いているコースを選んだり、自分が行けそうな道にしたりするなど歩いて遊びます。

おそびのコツ
幾つかコースを増やして一人が遊べる回数を増やしましょう。

展開のカギ

３本終わると巧技台（１段）に登るなど休憩ポイントを作りながら、長くつなげて遊んでみましょう。

なるほど解説

向きを変えながらバランスをとる

青色テープのコースをカニ歩きで行くとき、初めは内側を向いているので比較的バランスはとりやすいです。２本目に入ると今度は外向きになるので少しバランスを保ちながら進まなければなりません。このように足の裏の刺激やバランス感覚を促し、自分から進んで取り組むことができるようにしていきましょう。

第4章

感触・感覚あそび

触っていると不思議だねー

ぷにょ～ん

遊びを通して

微細運動

手のひらの感覚を刺激する

適度な重さ・量を感じる

いろいろな感覚を楽しむ

つかんだり、指先でつついたり…思い思いに楽しみましょう。

※保育者は必ず遊びを見守りましょう。

柔らかさ

やわらかい～！

でこぼこ　ぷちぷち！

あそびのコツ

手の中に入るサイズ、大きな物、など準備しましょう。

※夏場はこのまま冷やして遊ぶといいでしょう。冷凍庫に入れるのは×。保冷剤が固くなり危険です。

準備物

保冷剤（常温）、プチプチシート、ジッパー付きポリ袋（容量2.5ℓ・23×28㎝程度）、両面テープ、ビニールテープ

● 中に両面テープを貼ったジッパー付きポリ袋に保冷剤を入れて半分に折り、ビニールテープで口を閉じる。…Ⓐ

※保冷剤が外に出ないようにしっかり留めましょう。

● Ⓐをプチプチシートで覆い、ビニールテープで留める。

保冷剤　　ジッパー付ポリ袋

↓両面テープ

プチプチシート　ビニールテープ

なるほど解説

遊びながら微細運動を促す

物をつかんだり放したりして、手をうまく使えるようになるといいですね。手のひらで様々な刺激（柔らかさ、でこぼこ、重さ　など）を感じ、遊びながら微細運動を促していきましょう。

しっかりつかんだり放したりと、手のひらで柔らかさを感じている様子でした♪

遊んでみました！

展開のカギ

保冷剤の数を変えてみましょう。

力持ちだね！

重さ

もてたー！

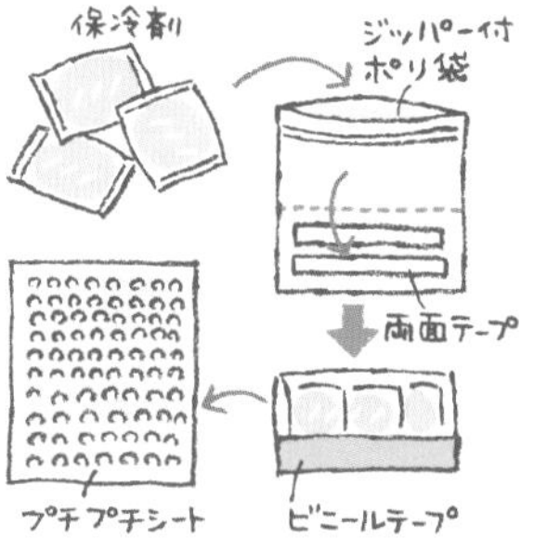

ふりふりだけで大発見!

シャカふり

遊びを通して
水に慣れる
ものに関わる

ペットボトルを持って振り、出てくる水とビー玉の音を楽しむ

※結び目が引っ掛かることで変化を楽しめます。繰り返し何度も遊んでみましょう。

準備物

乳酸菌飲料のボトル、ビー玉

- ボトルキャップにドライバーなどで、直径6㎜程度の穴をあける。
- ビー玉と水を入れてキャップを締める。

直径6mm程度の穴をあける
水
ビー玉

ビーだま、はいってる…

水を出そうと一生懸命振っていました。
試してみました!

なるほど解説

興味の移り変わりで水慣れに

最初はビー玉に興味を示すでしょう。しかし、振ってみると、今度は水がなぜ出てくるのか不思議な気持ちに。そんな興味の移り変わりで水に慣れる積み重ねができていきます。

ふりふり
ふりふり

展開のカギ

350㎖など、ペットボトルの大きさを変えてみましょう。

あそびのコツ

初めは水を2／3程度にすると、出やすくなります。

「ん? なんだろう?」不思議を発見!

カプセルとっとさん

遊びを通して
水に慣れる
振る

ケースに興味をもって遊ぶ

振ってみよう

ふりふり〜!

あそびのコツ
保育者が子どもの前で遊んでみましょう。

魚が入っていることに気付きます。

展開のカギ

スパンコールや、細かく切ったキラキラテープを入れても楽しめるでしょう。

準備物

ガチャポンケース、魚型のしょう油入れ

●ガチャポンケースの下側両サイドに目打ちで2か所ずつ穴をあけ、しょう油入れを入れる。

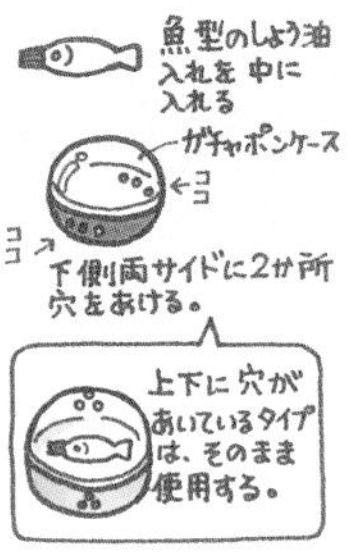

※上下に穴があいているタイプの場合はそのまま使用。

なるほど解説

じっくり遊んで水に慣れる

魚の存在に気付く→空気の泡に気持ちが移る→魚が泳いでいることに気付く→水が出てくることに興味をもつ。一つの遊びの中で気持ちの移り変わりがあり、それを楽しみたいからまた繰り返します。じっくりと水慣れをしていきましょう。

水に入れると…

空気の泡で楽しみます。

あれあれ〜?

おさかなさん、
およいでる!

水から出して中をのぞくと魚が泳いでいます。

あれ? おみず、
でてきた!

ケースの穴から水が出てきて興味を引きます。

遊んでみました!

水が出てくるのは一瞬ですが、それもまた不思議そうに見ていました。

おやっ！ と思っておててでギュッ！

むぎゅっ！

遊びを通して

好奇心と意欲をもつ

手のひらの感覚を促す

好奇心をもって触ったり握ったりする

脱脂綿＋ガーゼを水に浸してからシートの上に置いておくと、「なんだろう？」と不思議に思い、触れてみたくなるでしょう。プールの中に入れても OK。強く握ると水が出てくるのが楽しいですね。

準備物

ガーゼ、脱脂綿、輪ゴム

- 脱脂綿をガーゼでくるみ、輪ゴムで口を留める。

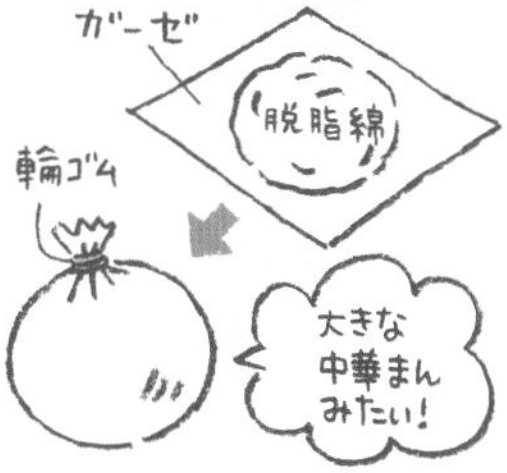
ガーゼ
脱脂綿
輪ゴム
大きな
中華まん
みたい！

むぎゅ～！！

あそびのコツ

手のひらにのせやすい大きさを用意しましょう。

できた！！

水が出てくるのは一瞬ですが、それもまた不思議そうに見ていました。

試してみました！

なるほど解説

様々な感覚を楽しむ

興味・関心をもって触れることが大切です。保育者が水に浸し、それに触れたり手に取ったりすることで、ジョワ～と水が出てくる感覚や重さなど、様々な感覚遊びを楽しむことができます。

展開のカギ

大きさを変え、水を含む量を変化させてみましょう。

いっぱい
出てきたねー

あおぐと音が出て楽しい!

うちわでパタンパタン

遊びを通して
手首を使ってあおぐ
音を楽しむ

うちわをあおいで音を楽しむ

※何度もあおいでみましょう。

あそびのコツ
まずは保育者があおいで風を送ってみましょう。

ペーパー芯が動いてうちわに当たり、音が鳴ります。

準備物

うちわ、ペーパー芯1／2（3個）

- ペーパー芯を切り、アーチ型にする。
- ペーパー芯の片側にセロハンテープを貼ってうちわに付ける。

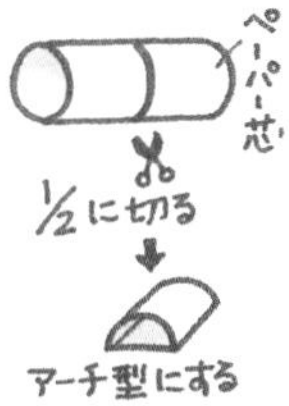

なるほど解説

遊びながら必要な動きを身につける

物を握ったり、手首をよく動かしたりして遊ぶことで、生活をする中で身につけていきたい動きを促します。また、音が出ることを楽しみながら、「なぜ音が出るの?」と好奇心や探求心を育てます。

遊んでみました!

初め、低月齢児はあおぐのが難しい様子でしたが、保育者があおいで見せると、うれしそうにまねっこしていました。高月齢児はすぐにあおぎ始めて、音が出ることをおもしろがっていました。

展開のカギ

ペーパー芯の先とうちわが当たる所に小豆(乾燥コーンでもOK)をセロハンテープで貼って、別の音を楽しんでみましょう。

あおぐとスズランテープが
ゆらゆら〜

パタパタゆらゆら

遊びを通して
把握する力
風で揺れる不思議
を体感する

揺れるスズランテープに興味をもつ

うちわでスズランテープをゆっくりあおいでみましょう。

※座って遊ぶ用、立って遊ぶ用、両方の高さを準備しましょう。

準備物

スズランテープ、うちわ、
セロハンテープ

●保育室内の壁などにスズ
ランテープを数本貼る。

※間隔を少し空けて貼りましょう。

座って

ゆらゆら〜！

うちわであおぐとスズ
ランテープがゆらゆら
揺れて大喜びでした。
テープに手を伸ばす
姿も見られました。

遊んでみた！

展開のカギ

スズランテープは短
い物、幅の細い物
なども準備してみま
しょう。

ふわ〜

立って

いっぱいあおぐよ！

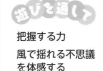

なるほど解説

風の心地良さを感じる

暑い日が続く中、あおぐとゆら
ゆら揺れるスズランテープを
見て風の心地良さを感じ、穏や
かに過ごせるようにしましょう。

あそびのコツ

2〜3本のスズ
ランテープから
遊んでみよう。

ふんわり風船を
タッチして動かしてみよう！

ふわふわタッチ

遊びを通して

体を伸ばす
室内を移動する
自分から体を動かす

準備物

スズランテープ、風船

- 風船にスズランテープを結び付け、保育室の窓や天井など、いろいろな場所につるす。

ふわふわ風船にタッチする

風船を探し、移動しながらタッチします。

んん～！

つかまえた！

展開のカギ

新聞棒やラップの芯を持って風船にタッチしてみましょう。

まてまて～

風船のふわふわした動きに興味津々でした。好きな風船を選んで自分から手や足を伸ばしてタッチを繰り返し楽しみました。

遊んでみました！

ポ～ン！
とんだ～！

あそびのコツ

余裕をもって取り組める分の風船を準備しましょう。

なるほど解説

興味をもち、自ら進んで体を動かす

体を伸ばしてタッチをしようとする動きは、風船に興味をもち自分の意思で触れたいと思う気持ちの表れです。遊びの中で、自ら進んで体を動かして遊ぶ楽しさを経験できるといいですね。

好奇心をもって自分で取り組んでみよう!

あっちこっちコロコロ

遊びを通して

物の動きを目で追う

卵パックの感触を楽しむ

音を楽しむ

興味をもっていろいろ試す

左右に傾ける

あそびのコツ

保育者が遊んでいる様子を子どもたちに見せましょう。

アイテムが動く様子を見て楽しみます。

パリパリと潰せる卵パックの感触や中でコロコロ動くアイテムに夢中でした。

音を楽しむ

準備物

卵パック、コロコロアイテム(ビー玉2個、小豆や乾燥コーン20粒程度　など)、段ボール板

- 卵パックを開いて真ん中で切り、片側にコロコロアイテムを入れ、四隅を丸く切った段ボール板に貼る。

上下に傾ける

あそびのコツ

数種類準備しておきましょう。

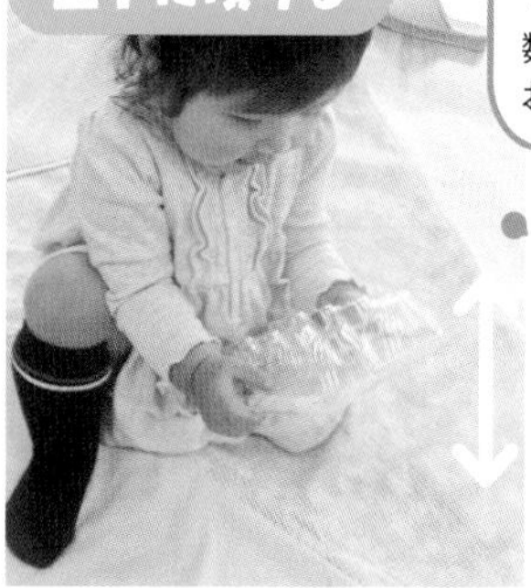

アイテムが動くスピードの違いを楽しみます。

なるほど解説

興味をもって遊ぶ

手に持って動かすと、中に入っているコロコロアイテムがいろいろな方向に動きます。アイテムを目で追ったり音を楽しんだりするなど、自分から興味をもって進んで遊んでみようとすることが大切です。

展開のカギ

コロコロアイテムを替えて楽しみましょう。

例 木の実、ビーズ　など

アイテムが気になる

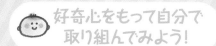

興味をもって触れることが楽しい!

ポンポンくちゃくちゃ

遊びを通して

ボールをつかむ
ボールを投げる
音を楽しむ

ふわふわボールで自由に遊ぶ

ボールをつかむ、たたいて音を出す、タッチする、投げる、頭にのせる、落とすなど、子どもが自由に遊べるようにしましょう。

準備物

ポリ袋(35×25㎝程度)、新聞紙

●ポリ袋の底の角をそれぞれ結んで裏返し、適度に丸めた新聞紙1枚を入れて口を結ぶ。

あそびのコツ

丸めた新聞紙の表面にフラワーペーパーを1枚入れるともっと興味をもちます。

※ポリ袋と新聞紙の音も同時に楽しめるといいでしょう。

なるほど解説

遊び方はいろいろ

ボールを不思議に感じたり、たたいて音を出したり、感覚を楽しんだり、様々な刺激を受けるでしょう。その場の雰囲気でいろいろな遊び方を楽しみましょう。

あそびのコツ

ポリ袋に空気を入れ過ぎないように。

展開のカギ

ポリ袋を大きくしてみましょう。

0・1歳児
0 1 2

いつもと違う感覚が刺激になる!

どろリン どろんこぶろ

遊びを通して
泥に触れる

お風呂の中に入って、水や泥に親しみをもったり触ったりして遊ぶ

準備物

牛乳パック10本、砂

- 牛乳パック10本に砂を詰め込み、口をクラフトテープで留める。
- 園庭に牛乳パックで囲みをつくり、水や砂を入れてお風呂にする。

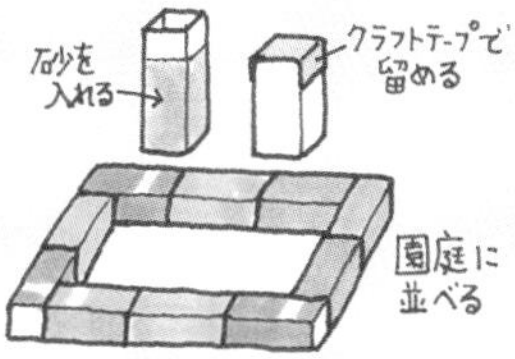

展開のカギ

泥の量を増やすなど、感覚遊びに集中できる環境を。

おそびのコツ

さらさらの砂で滑らかな泥をつくるといいでしょう。

なるほど解説

泥から様々な刺激を

ひんやりしている泥に触れることで脳や体に様々な刺激を与え、活動的になります。

おすわり タッチ・よっちタイプ

レジャーシートに囲みをつくり、中にバスタオルを敷き詰め水を浸して遊んでもいいですね。

0・1歳児
0 1 2

自分で水をくんで自由に遊べる♪

くんでじゃ～じゃ～

遊びを通して
くみ上げる力
水を流しながら歩く楽しさを感じる

穴のあいたペットボトルバケツで遊ぶ

たらいの水をくんで水を流しながら歩いて地面に線を描いたり、ほかの所に移したりして遊びます。

なみなみのせんになった!

準備物

ペットボトル(500㎖)、スズランテープ(荷造りひもでもOK)、ビニールテープ

- ボトルキャップに穴をあける。
- ペットボトルの底を切り取り、切り口をビニールテープで保護する。…Ⓐ
- Ⓐの両側に穴をあけ、三つ編みしたスズランテープを通して持ち手にする。

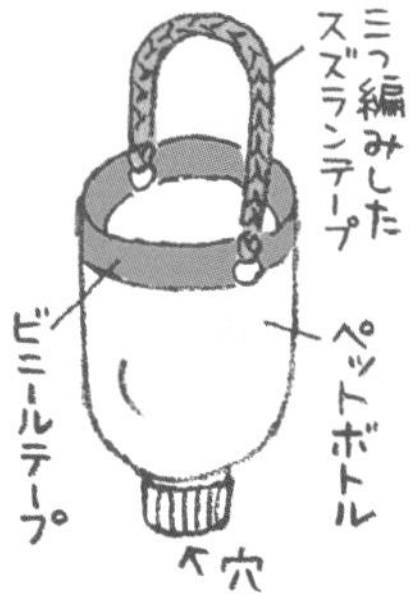

※穴はキリであけてから、ドライバーなどを使って大きさを少しずつ調整しましょう。

なるほど解説

興味をもって遊ぶことが大切

「水をくんで持ち上げると、穴から「ジャーッ」と水が出てくることに興味をもつことが大切です。「不思議だな～」「なんだろう?」という思いを乳児期にたくさん経験することで、幼児以降の活動の基礎をつくります。

展開のカギ

いろいろな場所にたらいを用意しておくと活動範囲が広がります

いっぱい
くめた！

あそびのコツ
水をたっぷり準備し
ておきましょう。

水をくむと下から水が出て
くるのが不思議そうでした。
水をくんでほかの場所に移
して…を何度も繰り返し楽
しんでいました。

遊んでみました！

ジャーッ

洗うときの言葉と
水を付ける楽しさ

おてて ジャブジャブ

遊びを通して
歌遊びを楽しみながら水に慣れる

『手をたたこう』の替え歌で遊ぶ

※浅いプール（水深2～3㎝程度）で遊びます。

1番 **てをあらおう （ジャブジャブ） てをあらおう （ジャブジャブ）**
みんないっしょに てをあらおう （ジャブジャブジャブ～ッ）

おそびのコツ
安心して遊ぶために、水深を浅くしましょう。

♪てをあらおう
ジャブジャブ

水の中で手をパーにしてリズムをとってから、「ジャブジャブ」で水をバチャバチャする。これを繰り返す。
※浅いプール（水深2～3㎝程度）で遊びます。

『手をたたこう』（作詞・作曲／不詳）のメロディーで　作詞／小倉和人

C
G7
C
F
G7
C
1. て をあ らおう（ジャブジャブ） て をあ らおう（ジャブジャブ） み ん ないっ しょに て をあ らおう（ジャブジャブジャブ～ッ）
2. あた まあ らおう（ゴシゴシ） あた まあ らおう（ゴシゴシ） み ん ないっ しょに あた まあ らおう （ゴシゴシ）
3. おへ そあ らおう（ゴシゴシ） おへ そあ らおう（ゴシゴシ） み ん ないっ しょに おへ そあ らおう （ゴシゴシ）

2番 あたまあらおう（ゴシゴシ）

ゴシゴシ

1番 と同様にし、頭を洗うまね。

3番 おへそあらおう（ゴシゴシ）

ゴシ ゴシ

1番 と同様にし、おへその辺りを洗うまね。

水に入ると泣いてしまう子どもも、歌が始まると手をバチャバチャしたり、ゴシゴシとまねっこしたりと、個人差はありますが、徐々に水に慣れ親しんでいる様子でした。

遊んでみました！

なるほど解説

少しずつ水に慣れていく

水慣れの初めの段階なので、水は浅い方がいいでしょう。座って体のいろいろな所に水を付けていく遊びです。バチャバチャしたり、頭やへそにくっつけたりと遊びの中でしぜんに水慣れし、暑い夏を快適に過ごせるようにしましょう。

展開のカギ

水慣れが進んできたら、「♪かおあらおう」に挑戦してみてもいいですね。

♪かおあらおう ゴシゴシ

手遊びをしながら水に慣れよう!

水なれパッチャンこ

遊びを通して
歌遊びを楽しみながら水に慣れる

『あたまかたひざポン』の一部替え歌で遊ぶ

1 あたま　かた

♪あたま　　♩かた

水につかりながら、頭と肩に両手で触れていく。

2 パッチャンこ パッチャンこ パッチャンこ

水面をたたく。

あそびのコツ
慣れてきたら、子どものタイミングと強さで遊んでもOK。

3 あたま かた パッチャンこ

1 2 と同じ。

4 め　みみ　はな　くち

め　みみ　はな　くち

それぞれの部位を両手で触っていく。

なるほど解説

水しぶきを浴びて水に慣れる

水しぶきが飛んでくると嫌がる子どももいるでしょう。しかし、自分の水しぶきは意外と怖がりません。遊びを通して自分の水しぶきを浴びながら水慣れを進めていきましょう。

展開のカギ

静かに、または、大きく水面をたたくなど、強弱をつけてみましょう。

※『あたまかたひざポン』(作詞/不詳　イギリス民謡)のメロディーで　一部作詞/小倉和人

ちょこっと集中！
ちょこっと気分転換！

ぐるぐるっ！

遊びを通して
遊びに集中する

ピンポン球の動きを見て楽しむ

両手でボウルを持って動かし、中で回るピンポン球を見ます。止まったらまた回して、繰り返し遊びます。

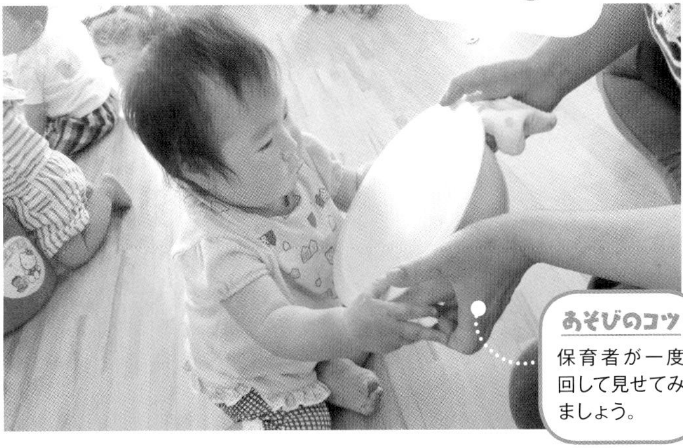

あそびのコツ
保育者が一度回して見せてみましょう。

準備物

直径20〜25㎝のボウル（洗面器でもOK）、ピンポン球2個（黄・白）、クリアフォルダー

- ボウルにピンポン球を2個入れ、ボウルの縁をかたどったクリアフォルダーをビニールテープで留める。

なるほど解説

集中する時間を積み重ねて

興味・関心をもって取り組む遊びです。時間は短いかもしれませんが、集中する時間を積み重ねていくのも大切なことです。また、心の安定を求める子どもにもピッタリです。

展開のカギ

- ピンポン球を増やしてみましょう。
- 容器の大きさに変化をつけてもおもしろいでしょう。

手をしっかり伸ばして
ボールをつかんで出してみよう!

ぽこぽこマット

遊びを通して

凸凹の感触を楽しむ

ボールをつかむ

マットに興味をもって遊ぶ

マットの上にのったり、音を楽しんだり、新聞紙ボールを手で引っ張ってつかみ出したりして繰り返し遊びます。

※「よーいどん!」の合図で、みんなで新聞紙ボールを出して遊んでもいいでしょう。

準備物

新聞紙、布、マット

- 新聞紙を丸めてテープで留めた新聞紙ボール(直径20㎝程度)をたくさん作る。
- 布をマットに張って、持ち手に結び付ける。布の下に新聞紙ボールを入れて凹凸をつくる。

あそびのコツ

「なにか入っているよ」「ぽこぽこするね」などのことばがけを。

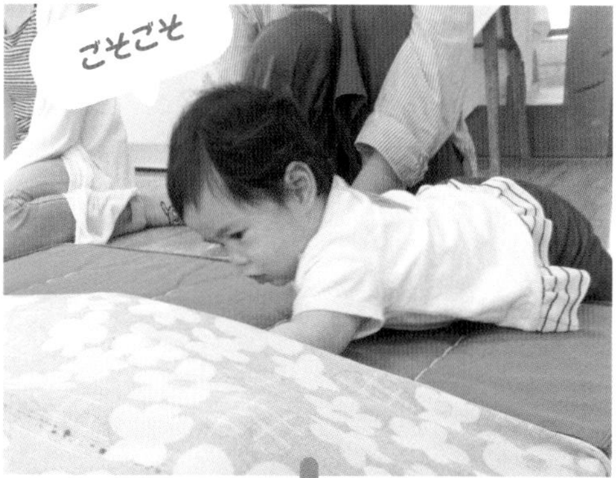

なるほど解説

達成感が得られる

子どもなりに考えながら、布の下から新聞紙ボールを出して遊びます。潜ってつかみ出す子どももいれば、布の上からたたいて出す子どももいるでしょう。「でてきた!」と、達成感が得られると繰り返し遊べるでしょう。

展開のカギ

新聞紙ボールの大きさに変化をつけてみましょう。

1・2歳児
0 1 2

なにこれ？ 不思議なことを
自分で追求！

おみずジャ〜っ!!

遊びを通して
想像力を膨らませ、遊びに集中する
自分で考えて遊ぶ

水をくんで、設置したペットボトルにどんどん水を入れて遊ぶ

※繰り返し遊んでみましょう。
※子どもの興味に合わせて、ペットボトル(500mℓ) や透明カップなど、水をくむ物は替えてもいいでしょう。

あそびのコツ
子どもがじっくり観察できる高さに設置しましょう。

水をくんでは流したり、バケツにたまった水を入れてみたり繰り返し楽しめました！

なるほど解説
子どもの想像力を広げる

水を入れると落ちることに「なんだこれは?」と、子どもは繰り返し水を入れて眺めます。この活動は子どもの想像力を広げ、集中する時間を増やしてくれます。様々なことを考えて活動していくことが大切です。

準備物

ペットボトル(2ℓ)、いろいろな容器(水くみ用)、吸盤付きフック、子ども用バケツ、タライやビニールプール

- 1/2に切ったペットボトル(2ℓ) の切り口をビニールテープでカバーする。
- パンチで2か所に穴をあける。
- フックを穴に通し、園庭側の窓ガラスなどに設置する。

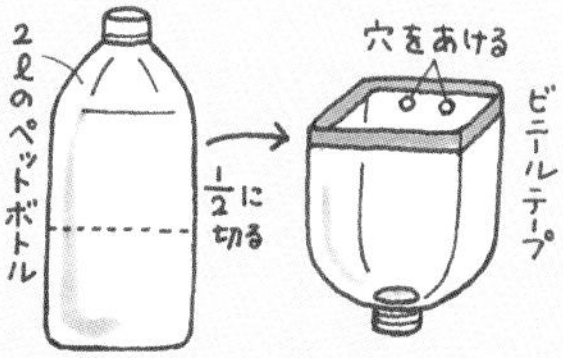

- タライやビニールプールに水を張り、水をくみやすい環境を整える。
- 設置したペットボトルの下に子ども用バケツを置く。

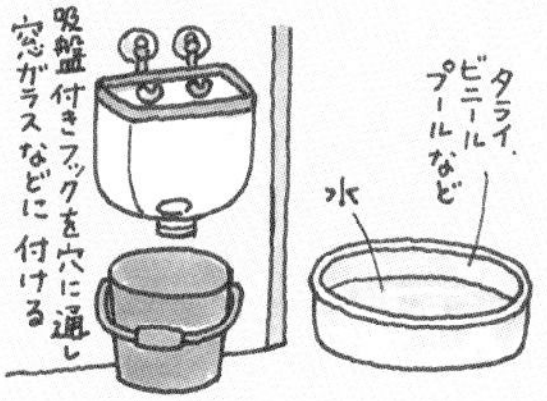

展開のカギ

- ペットボトルを大きくする。
- 落ちた水を牛乳パックなどに流していく。

歌に合わせて水もへっちゃら！

ひげじいさんポチョン！

遊びを通して
歌遊びを楽しみながら水に慣れる

『とんとんとんとんひげじいさん』の替え歌で遊ぶ

① とんとんとんとん　ひげじいさん

両手をグーにして上下交互にたたく。

右手をグーにしてあごにつける。

左手をグーにして右手のグーにつける。

② 「ポチヨン！」

そのまま手を下ろし、水面をはじく。

あそびのコツ

「ポチョン！」を丁寧に進めることで最後の「パシャーン！」につながります。

なるほど解説

自分で上げた水しぶきで水慣れ

水が顔に掛かると嫌がる子どもでも、自分で水しぶきを上げることには案外抵抗がありません。歌遊びの中でしぜんに水慣れができることでしょう。

③ とんとん　とんとん　◯◯さん　「ポチョン！」

♪こぶじいさん

♪てんぐさん

♪めがねさん

①、②と同様の手順で「こぶじいさん」「てんぐさん」「めがねさん」をして続ける。

④ とんとん　とんとん　オニさんも　「シーッ！」

♪オニさんも
BATMAN

シーッ！

オニさんが来ると怖いのでみんなで「シーッ！」と静かにする。

⑤ キラキラ　キラキラ　手はおみず！　「パシャーン！」

♪キラ キラ キラ キラ

手のひらを小刻みに振りながら、腕を下ろす

最後は勢い良く水をはじく。

展開のカギ

水に慣れてきたら、「ポチョン！」や「パシャーン！」をダイナミックにしてみましょう。

パシャーン!!!

※『とんとんとんとんひげじいさん』（作詞／不詳　作曲／玉山英光）のメロディーで　作詞／小倉和人

「どうなるのだろう？ わっ！
すごい！」の気持ちを育てよう！

もわもわもわ

遊びを通して
仕掛けの興味をもつ

水に沈めると傘袋が飛び出すペットボトルで遊ぶ

準備物

2ℓのペットボトル(1／2)、傘袋(1／2)、たこ糸(30㎝)、ボトルキャップ

- 傘袋の口をペットボトルの口から出し、裏返してビニールテープを巻いて留める。
- 穴をあけたボトルキャップにたこ糸を通し、傘袋に結び付ける。

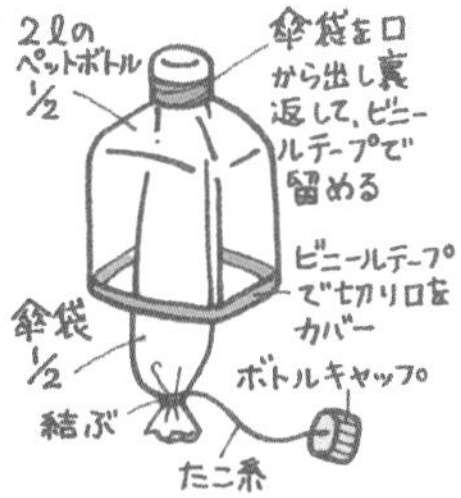

あそびのコツ
ペットボトルの中に空気が入るように沈めよう。

袋が急にもわもわっと出てくる様子に驚き、興味を示していました。

遊んでみました！

展開のカギ

傘袋にイラストを描き込むと、「○○がでてきた！」などと喜び、笑顔が増えるでしょう。

なるほど解説

仕掛けに驚き、夢中で遊ぶ

ペットボトルを水に沈めると口から泡が出てきます。しかし、この遊びでは傘袋が出てきます。初めは驚く表情を見せますが、傘袋が飛び出す不思議に、何度も遊ぶ姿が見られるでしょう。

第4章
感触・感覚あそび

1・2歳児

0 1 2

沈めたボールが
揺れながら浮かんでくる!

ふわふわポン

遊びを通して

水に慣れる
(つかんで沈める動きで水面に顔を近づける)

準備物

カラーボール

水に浮かべたボールを沈めてから放す

水の上に浮かべたボールを手に取って沈め、「3・2・1 パッ!」で手を放します。浮かんでくるボールの様子を見て楽しみましょう。

3・2・1

あそびのコツ

カラーボールの色が見えるように、色の薄い容器で遊んでみましょう。

展開のカギ

洗面器くらいの容器を裏返し、水に浮かせます。ボールを沈めて放したときに容器の中に入れて遊んでみましょう。

パッ!

1歳児は、ボールを水に沈める感覚を楽しんでいるようでした。2歳児は水の中で手を離すとボールが飛び出ることが分かり、そっと手を離しては飛び出るボールに驚き喜んでいました。

遊んでみました!

なるほど解説

不思議を認識し体感する

初めにボールが水に浮かんでいる様子を見ることがポイントです。水の上にボールがあり、手で沈めて放すと浮かぶ、この不思議を認識すれば、自分でしてみようと意欲をもって取り組んでいくでしょう。

1·2歳児
0 1 2

ストローから空気が出る!

ポン! シューッ!

遊びを通して
指先、手のひらで押す力
風を感じる

吹き出る風を感じて遊ぶ

ストローの先を自分の方に向け、牛乳パックの真ん中辺りを両手で押します。ストローから「シューッ!」と勢い良く吹き出る風を感じて遊んでみましょう。

※衛生面を考慮して、一人一つずつ用意するといいでしょう。ストローをくわえる可能性もあるので、こまめに拭くなどして清潔に保ちましょう。

準備物

牛乳パック、曲がるストロー、ホッチキス、ビニールテープ

- ストローを牛乳パックの角に沿わせてテープで留める。
- 口を平たく閉じ、空気が漏れないようにホッチキス留めをし、上からテープで留める。

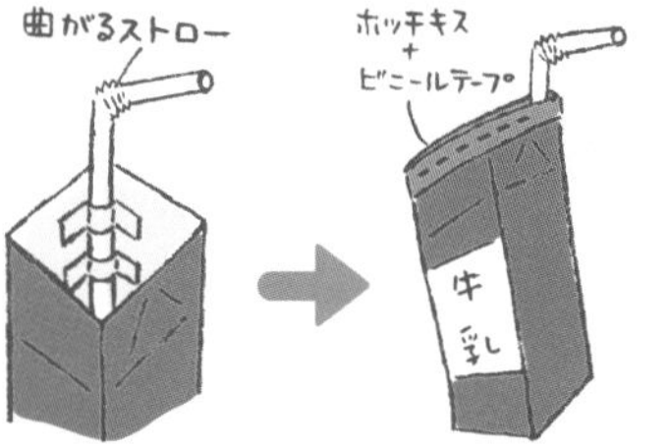

あそびのコツ
パックを手で膨らませる方法も伝えましょう。

風が額に当たると、何とも不思議そうな表情を見せたり、もっと風を出そうと強く押してみたりしていました。一生懸命パックを押している姿がかわいかったです。

遊んでみました!

展開のカギ
ストローを水の中に入れて、ブクブクと泡を出してみましょう。

なるほど解説

好奇心をもち、集中して遊ぶ

指先や手のひらにしっかりと力を入れて牛乳パックを押します。ストローから風が出てくる不思議や楽しさを十分に感じてください。少しの時間でもいいので好奇心をもって取り組み、集中する力を促すことができればいいですね。

どんどん進むぞ～!

ボトルカー

遊びを通して

水に慣れる
(水中でしっかり動いて運動量を増やす)

ボトルカーにまたがって、自分の足でこいで進む

準備物

ペットボトル(2ℓ)、短く切ったホース、荷造りひも、ビニールテープ

- ボトルキャップをしっかり閉め、ビニールテープで巻いて固定する。…Ⓐ
- ホースに荷造りひもを通して持ち手にし、Ⓐに取り付ける。

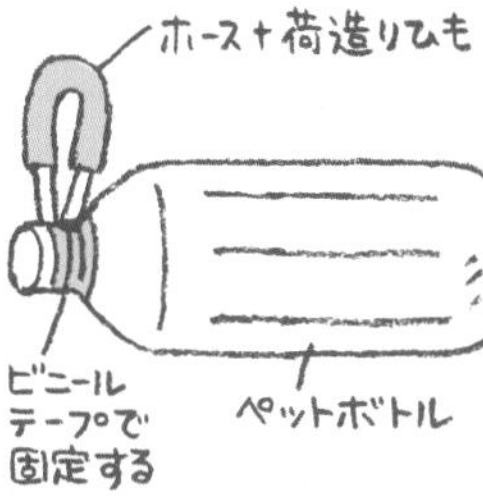

あそびのコツ

ある程度の水深があると、浮力がつくので遊びやすいです。

試してみました!

初めはバランスをとるのが難しかったのですが、何回か繰り返すと楽しさが分かり、スイスイと進んで楽しんでいました。

なるほど解説

浮力を利用して遊ぶ

ペットボトルと体の浮力を使って遊びます。浮かびはしませんが、足を動かして自由に水の中をドライブする感覚を楽しむことができます。

展開のカギ

合図で動き、合図で止まるなど、メリハリをつけて遊ぶと水の流れを感じて楽しい時間を過ごせます。

第4章
感触・感覚あそび

2歳児
0 1 2

水に慣れ親しみながら遊びに集中しよう！

ぐるぐるゲット！

遊びを通して
水に浮かべた物を触る
水の流れを感じる
絵と同じ物を見つける

いろいろな物を水に浮かべて遊ぶ

初めに 水に浮かべた物を触ったり、集めたりして遊びます。

準備物

ペットボトル（350mlや150mlなど小さなサイズ）、しょう油入れ、カラーボール、牛乳パック

- 牛乳パックを開き、ペットボトル、しょう油入れ、カラーボールの絵を描いたカードを作る。

なるほど解説

遊びを交えて水に慣れる

水慣れを進めながら、時折子どもたちが楽しみになる遊びを経験できるようにしていきましょう。目標を定め段階を踏んで、期待感をもって取り組んでいけるようにしましょう。

展開のカギ

「次に」の部分で、浮かべる物を増やしてみましょう。水の流れの不思議と数の多さに子どもたちも楽しくなるでしょう。

遊んでみました！

ホースで流れをつくると、船のようにペットボトルやしょう油入れが流れておもしろかったようです。

次に　ホースで流れをつくりながら楽しく遊びます。

ボールが
ながれる〜!

あそびのコツ
一人ひとりが十分に浮いているものを集められるようにしましょう。

最後に　カードに描いている絵と同じ物を集めて遊びます。

ボール、
つかまえた〜!

みつけた!

著者

小倉　和人（おぐら　かずひと）

KOBE こどものあそび研究所　所長
こどものあそび作家

神戸・明石などの保育園を中心に計 4 か所、17 年間の勤務経験がある。
その後、子どもの遊びと育ちを考える、KOBE こどものあそび研究所を立ち上げる。
乳幼児の運動遊び、親子遊びやパパと子どもだけで遊ぶ父親の子育て支援など、楽しいイベント・研修会などを数多く行なっている。また、乳幼児の遊びの中で身近な物を使って取り組むことにも力を入れ、製作遊びを保育雑誌などに執筆している。著書に『０・１・２　３・４・５歳児の　たっぷりあそべる手作りおもちゃ』『０～５歳児　ごっこあそびアイディア BOOK』『０～５歳児　夢中がギュッ！　夏のあそびコレクション★』（全てひかりのくに）などがある。

実践協力園

須磨区地域子育て支援センター（兵庫県神戸市）
池田麻美、田中孝野

認定こども園まあや学園（兵庫県たつの市）
松本幸子、磯島晶子、北野絵里、石本宗史、
田淵加代子、有吉敦子、片岡桃子、塩谷祐子、北川尚子

よこやま保育園（兵庫県三田市）
西村優里、冨永沙也佳、林山千祥、柴崎ねね、荒田友紀、
川原望、前中麻里、池田洋子

スタッフ

イラスト
菊地清美、後藤みき、中小路ムツヨ、町田里美

本文デザイン
月島奈々子[株式会社フレーズ]

編集協力
中井舞[pocal]、三好陽

校正
株式会社文字工房燦光

企画・編集
安部鷹彦、北山文雄

※園名、所属は執筆当時のものです。
※本書は、『月刊 保育とカリキュラム』2016～2018 年度に掲載された内容の一部を加筆・修正してまとめ、単行本化したものです。

あそびのポッケシリーズ
写真たっぷり！　0・1・2歳児の運動あそび

2020年 2月　初版発行
2024年 7月　第 10 版発行

著　者　小倉 和人
発行人　岡本 功
発行所　ひかりのくに株式会社
〒543-0001 大阪市天王寺区上本町3-2-14
郵便振替 00920-2-118855　TEL.06-6768-1155
〒175-0082 東京都板橋区高島平6-1-1
郵便振替 00150-0-30666　TEL.03-3979-3112
ホームページアドレス　https://www.hikarinokuni.co.jp

印 刷 所　大日本印刷株式会社

Printed in Japan
ISBN978-4-564-60939-8
NDC376 160P 21×19cm